민民의 나라, 조선

이영재(李榮宰)

동국대학교 정치학과 객원교수 겸 한양대학교 제3섹터연구소 연구교수
동국대학교 대학원 정치학과에서 정치학 석사와 박사 학위를 받았으며, 전공분야는 (동·서
비교) 정치사상이다. 최근 「현대공감이론을 통한 공맹철학의 재조명」, 『정신문화연구』 35(2),
「공자의 '恕'개념에 대한 공감도덕론적 해석」, 『한국정치학회보』 47(1), 「조선시대 정치적 공
공성의 성격변화」, 『정치사상연구』 19(1), 「조선시대 '시민사회' 논쟁의 비판적 재해석」, 『정신
문화연구』 37(2), 「데이비드 흄의 공감 개념에 관한 연구」, 『한국정치학회보』 48(4) 등의 논
문을 발표했다.

태학역사지남 003
민民의 나라, 조선

초판 1쇄 인쇄 | 2015년 12월 1일
초판 1쇄 발행 | 2015년 12월 7일

지은이 | 이영재
기획위원 | 정재훈(경북대 사학과 교수)
          김백철(서울대 규장각한국학연구원 책임연구원)
펴낸이 | 지현구
펴낸곳 | 태학사
등 · 록 | 제406-2006-00008호
주 · 소 | 경기도 파주시 광인사길 223
전 · 화 | (031)955-7580~2(마케팅부) · 955-7585~90(편집부)
전 · 송 | (031)955-0910

전자우편 | thaehak4@chol.com
홈페이지 | www.thaehaksa.com

저작권자 © 이영재, 2015
이 책의 저작권은 저작권자에게 있습니다.
저작권자와 출판사의 허락 없이 내용의 일부를 인용하거나
발췌하는 것을 금합니다.

값은 뒤표지에 있습니다.

ISBN 978-89-5966-723-9 94910
ISBN 978-89-5966-720-8 (세트)

민民의 나라, 조선

이영재

태학사

　한국 대학생들이 가장 수치스럽게 생각하는 역사적 사건은 무엇일까? 2000년(432명), 2013년(582명) 두 번의 조사에서 모두 "일제 식민통치"가 1순위로 꼽혔다.[1] 1세대의 주기를 25년이라고 할 때, 3세대 순환의 시간이 흘렀음에도 불구하고 식민통치의 경험이 가장 치욕적인 역사로 기억되고 있다. 한국민에게 역사적 트라우마인 1910년 한일합방과 1945년까지 이어진 일제강점은 조선의 역사를 다시 들추기 싫은 치부로 만들어 놓았다. 해마다 응시 인원이 증가하여 분기별로 4번 치르고 있는 〈한국사능력검정시험〉의 매년 응시자가 초·중·고급을 합쳐 수십만 명에 달하지만 응시자들이 갖는 조선의 이미지 또한 이와 크게 다르지 않을 것이다.

　각 일간지들은 IMF와 같은 국가적 시련이 닥칠 때마다 '실패한 조선'에 그 책임을 돌리기 바쁘다. 조선시대는 잘못을 탓하거나 경각심을 일깨우기 위한 면피용 도구로 활용되기 일쑤다. 정치제도는 '수입산'이라는 안도감 때문인지 몰라도 민주주의가 위기에 처할 때마다 소위 여론 주도층들은 줄곧 우리의 후진적 국민성을 도마 위에 올리고 있다. 필자는 이를 심각한 자학적 편견이라고 간주한다. 이런 선입견 탓에 조선의 역사는 뒤떨어지고 낙후된 것인 반면, 서구는 일찍 근대를 이룬 세련된 이미지로 고정되었다. '독재타도'를 외치던 대학생들조차 한국에 '프랑스 혁명' 같은 폼 나는 혁명의 경험이 없다고 아쉬워했고, 조선의 왕정을 부끄러워하는 만큼 공화정을 동경했다. 중견 역사학자조차 이런 서구 우월의식으로부터 자유롭지 못하다. 18세기 조선의 노비제 혁파는 세계사적으로 드문 대사건임에도 불구하고, 시대에 뒤떨어졌을 것으로 지레 짐작하고 대수롭지 않게 보아 넘길 정도다.

『백범일지』에 '아기 접주' 김구가 동학봉기 실패 후 피신하는 중에 만나 평생 스승으로 모신 고능선의 가르침이 기록되어 있다. 백범을 깨닫게 한 그 가르침은 "나라가 망한다고 다 같은 것이 아니"라는 것이다. 신성하게 망하는 길과 더럽게 망하는 길은 분명 다르다. 고능선의 가르침이다. "나라가 신성하게 망한다 함은 일반 백성들이 의(義)를 붙잡고 끝까지 싸우다가 적에게 모두 죽임을 당하여 망하는 것이요, 더럽게 망한다 함은 일반 백성과 신하가 적에게 아부하다 꾐에 빠져 항복하여 망하는 것일세."[2] 더럽게 망한 국가는 나라를 되찾을 동력조차 상실하고 사라져 가겠지만, 신성하게 망한 나라와 백성은 끝내 독립을 이루어 낼 저력을 내재하고 있다는 말일 것이다. 불과 120년 전 조선의 민은 '척왜양', '보국안민'의 기치를 들고 우금치 마루에 시체로 산을 이룰지언정 일신의 안위를 뒤로하고 조국을 위해 죽음으로 항전했다. 서슬퍼런 일본의 강권적 침략을 저지하지 못한 절박함은 1919년 '3·1운동'으로 이어졌다. 그리고 오늘날 우리 헌법은 "대한국민은 3·1운동으로 건립된 대한민국임시정부의 법통"을 계승한 것임을 천명하고 있다. 현행 민주헌정질서의 근저에 조선 민의 숭고한 정신이 자리하고 있는 것이다. 3·1운동은 아래로부터 민의 동력이 없었다면 불가능했고, 이러한 조선 민의 저력을 기반으로 임시정부가 만들어졌다. 3·1운동이 있은 지 불과 한 달 남짓 후 제정(4월 11일)된 〈대한민국임시헌장〉 제1조는 '대한민국은 민주공화제'임을 천명하면서 시작된다. 같은 해 9월 11일 제정된 대한민국임시헌법 제2조는 '대한민국의 주권은 대한인민 전체에 재함'이라고 못박고 있다. 망국의 순간에도 의를 붙잡고 끝까지 싸운 조선 민중의 힘이 현재의 대한민국을 있게 한 것이다.

당연히 조선의 역사는 치욕의 역사일 것이라고 스스로 재단(裁斷)하는 일부 지식인들에게 묻고 싶다. 크롬웰의 공화정 선포만 볼 것이 아니라 왕정복고로 인해 크롬웰의 묘가 파헤쳐지고 부관참시된 역사적 퇴행에는 왜 눈감는가? 크롬웰은 왕의 목을 쳐 공화정을 선포했지만 스스로 종신호국경이 되었고, 무력을 바탕으로 보통선거를 요구하는 혁명군의 요구를 거부하고 수평파를 탄압했으며, 결국 왕정복고의 빌미를 제공했다. 이외에 영국의 명예혁명? 타국 군대에 왕궁을 비우고 도망간 것이 그렇게 '명예'로운 혁명인가? 흔히 오해하듯이 우리 민주헌정질서는 수입산 제도를 하사(下賜)받아 만들어진 것이 아니다. 국가의 공공성이 파탄나고, 국가가 몇몇 세도가문에 유린당할 때 이미 조선의 민은 새로운 시대를 예비했다. 아래로부터 '민의 나라'를 개척하기 시작한 것이다. 나라가 없을 때에도 조선의 민은 '3·1운동'으로, '임시정부설립'으로, '무장독립운동'으로 '나의 나라', '우리나라'를 위해 일어섰다. 지위고하를 막론하고 1인 1표의 보통선거 시대가 열렸을 때, 필자가 과문한 탓인지 몰라도 신분제에 사로잡혀 보통선거 제도의 정착이 난항에 직면했다는 기록을 본 적이 없다. 이것이 의미하는 바는 이미 1948년 훨씬 이전에 우리 사회는 신분제적 질서로부터 사실상 해방되어 평등한 민의 나라를 예비했다.

일제의 식민사관이 조선을 '망국의 순간까지도 백성의 삶은 아랑곳 하지 않았던 무능한 저급 국가'로 만들어 놓았고, 이에 기생한 일부 식민부역자들이 잿빛으로 덧칠해 놓은 것이 조선 역사 평가의 주류를 이루어왔다. 519년 역사의 조선은 그리피스(William Elliot Griffis)가 왜곡한 것과 같이 결코 『은둔국가(Corea The Hermit Nation)』도 아니었고, 부끄러운 오욕의 국가도 아니었다. 15~19세기 동안 조선의 정치사는 역동적이었다. 가히 '양반의 나라'에서 '백성의 나라'로 '국체(國體)'의 변동이라 부를 만큼의 큰 정치적 전환이 있었고, 조선의 정체는 건국 이래 사대부의 '국가시대'(사대부적 국가공공성의 '조선국' 시대) → 붕당정체 → 탕평군주들의 '민국정체' → 민국정체를 점차 해체하고 백성을 다시 식록수취의 대상으로 강등시켜 민란상태를 초래한 '반동(세도)정체' → 광무개혁과 독립투쟁을 위한 '비상정체' 등으로 요동쳤다.

　이 책은 조선의 전환기라 할 수 있는 18세기에 주목하면서 이 일련의 정체변동 과정을 민의 영역과 상호 조응관계 속에서 파악하고자 한다. 이 책은 이를 크게 두 가지 논점으로 구체화하여 제1장에서는 '공공성' 개념을 중심으로 조선시대 민의 정치적 역할을 재조명하고자 한다. 제2장이 지배권력과 민의 상관성을 중심으로 조선 정치사를 재조명하기 위한 시도라면, 제3장은 '민의 영역'이 갖는 변화의 맥락에 주목했다. 민 영역의 구조적 변화를 '결사체'(혹은 '시민사회') 개념과 성리학적 지배이념과 구분되는 민의 이념적 지향을 중심으로 조선의 '시민사회'를 다룬 기존 논의들과 대비하고자 한다. 이러한 일련의 논의를 통해 주장하고자 하는 핵심은 조선은 '민의 나라'였고, 오늘날 대한민국의 굳건한 뿌리가 조선의 민으로부터 도출될 수 있다는 것이다.

이 책은 〈태학역사지남指南〉이라는 기획물의 일환으로 집필되었다. 이 책이 출간될 수 있었던 것은 필자가 조선시대 연구에 흥미를 느끼고 공부하는 과정에서 학문적 인연을 맺게 된 김백철 선생님의 강력한 권유 덕분이었다. 필자가 한국정치사상학회가 발행하는 『정치사상연구』에 「조선시대 정치적 공공성의 성격 변화」(2013)와 한국학중앙연구원이 발행하는 『정신문화연구』에 「조선시대 '시민사회' 논쟁의 비판적 재해석」(2014)이라는 연구논문을 게재한 바 있는데, 사료에 근거해 세심하고 꼼꼼한 글쓰기를 하는 역사학자의 입장에서 볼 때 다소 생경한 표현과 해석들이 흥미롭게 보였던 것 같다. 1년이라는 집필 기간을 상당히 여유롭게 생각하고 이 책의 집필에 동의했는데, 막상 집필하는 과정에서 미처 고민하지 못했던 문제들이 튀어나오고, 풀어야 할 난제들이 점차 많아졌다. 주변의 훌륭한 선생님들 덕분에 이 어려움들에 대처할 수 있었다. 학자의 사회적 기여와 자세를 일러주신 백경남 교수님, 조선시대 연구의 필요성과 열정을 일깨워주신 황태연 교수님께 감사드린다. 조선시대 연구를 함께 하는 〈한국 근대화의 사상적 동력〉 연구팀과 〈동학서당〉의 여러 선생님들께도 감사드린다. 그리고 사랑하는 가족에게도 고마움을 전한다.

　끝으로 조선시대 관련 연구성과 출판에 열정을 다해주시는 태학사 지현구 사장님과 〈태학역사지남〉 시리즈를 맡아 수고해 주신 편집부에 감사드린다.

2015년 10월
이영재

제1장
조선시대를 둘러싼 '근대' 논쟁을 보는 정치사상적 시선

1. '근대' 논쟁의 주요 흐름

'열등적·패배적' 조선사관의 상당 부분은 국민성까지 호도하는 당쟁사관이 차지하고 있다. 1910년 조선광문회에서는 일제에 맞서 우리 전통문화를 계승하고자 고서(古書)를 간행하였다. 이때 보급서로 선정된 책이 공교롭게도 『당의통략』이었다. 당대 작성된 『조선왕조실록(朝鮮王朝實錄)』이나 『승정원일기(承政院日記)』를 일반인들이 참고하기 어려운 상황에서 이건창(李建昌)의 『당의통략(黨議通略)』이 일종의 대체역사서처럼 보급되었다. 『당의통략』은 선조 8년부터 영조 31년까지 당쟁의 대요를 다룬 책이다. 일제는 이 대한제국기 지식인들의 자성의 목소리를 계획적으로 악용했다. 식민사학자들은 당론서를 활용하여 조선을 부패하고 무능한 사회로 묘사하였고, 이를 '당파성론'으로 체계화하였다. 일제가 의도적으로 주조한 '당쟁사관'은 이후 근대 식민지 교육과 함께 급속히 확산되었다.[1]

이미 일제강점기부터 역사학계를 중심으로 식민사관을 극복하기 위한 노력이 이어져 오고 있음은 주지의 사실이다. 1940년대 해방 직후에는 보다 구체화된 논점으로 한국의 근대화를 '실학담론'으로 설명해 내고자 하는 시도들이 이어졌다. 실학 개념은 그동안 다양하게 표명되어 왔지만,[2] 여기서는 조선 후기의 새로운 유학사조를 실학으로 지칭하고, 이를 근대성과 결부하여 성리학적 흐름과 구별하려는 논의들을 '실학담론'으로 통칭해서 쓰고자 한다.[3] 실학을 통한 근대적 맹아 찾기는 1930~40년대 '조선학운동'의 일환으로 대두된 이래 많은 역사학자들의 관심을 받았고, 1950년대 민족운동과 접목되면서, 한층 식민사학과 대비되는 차원에서 강조되기도 하였다.[4] 1960년대와 70년대에 한국학을 담당하던 전문가들은 비록 실학에 대한 인식에는 차이가 있었지만 조선 후기를 근대화 혹은 근대의 맹아기로 보는 관점을 공유하고 있던 것으로 보인다.[5]

실학담론의 골자는 무능한 조선의 정치에도 불구하고, '실사구시(實事求是)'를 표방하던 비판적 지식인들이 존재했음을 전제하고, 나아가 이 실사구시적 관점에서 한국의 근대적 맹아를 찾기 위한 프레임으로 구성되어 있다. 그런데 이러한 의욕적 시도와 달리 실학담론으로 식민사관이 제대로 극복되었다고 보기는 어렵다. 실학개념의 정의를 비롯하여 여러 가지 다른 문제들이 결부되어 있겠지만 필자가 보기에는 실학의 근대성 설명은 논의를 심화시켜 갈수록 중심을 잃고 방향타를 상실한 것으로 보인다. 실학담론은 근대화 추진의 주체 설정에서부터 애매했다. '실사구시'·'이용후생'의 담론은 지식인 중심이었고, '민'과는 조응하기 어려웠을 뿐만 아니라 '국가'와도 제대로 조응하지 못했다. 실학담론에서 민은 계몽이 필요한 존재였고, 국가는 실사구시적 방향에서 이탈한 채 무기력하게 쇠락해 가는 존재 그 이상이 아니었다.

다른 한편으로 실사구시의 효율성 담론은 이미 식민사관과 접합될 수 있는 위험 요소들을 내재하고 있었다. '이용후생'은 본래 『서경(書經)』의 '선정, 양민, 정덕, 이용, 후생'에서 유래했다. 군주의 선정과 양민이 실현된다면, 백성들은 도덕적으로 변하고, 삶이 윤택해진다는 의미였다. 박지원이 이를 『열하일기』에서 '이용해야 후생하고, 후생해야 정덕한다'고 강조한 이래, 그 제자인 박제가가 '이용후생' 을 따로 떼어내 '서학의 수용이 이용후생'이라고 주장했다. 이 이용 후생의 의미가 북학파의 중요한 근대화 논점으로 자리잡게 되었다. 이 이용후생의 의미는 '구본신참론'과는 거리가 멀었고, '동도서기 론' 또는 여기서 더 나아가 '서도서기론'을 향한 것이었다. 현행 고등 학교 『한국 근·현대사』 교과서는 이 북학파의 실학 전통을 계승한 개화파를 이렇게 평가하고 있다. "북학파 실학사상의 전통을 계승한 개화 사상가들은 급진적인 개화 정책을 실시하기 위해 갑신정변을 일으켰고, 갑오개혁을 통해 근대적 개혁을 추구하였다. 그러나 이러 한 노력은 국민의 이해 부족과 외세를 끌어들인 점 때문에 국민의 반감을 샀다."[6]

실학담론의 요체를 분석해보면, 그 이면에는 조선 역사에 대한 자 괴감과 거부 의식이 전제되어 있다. 조선의 위정자들은 무능했으나 소위 실학 지식인들은 근대사회를 예비하고 있었다거나, 조선이 실 사구시를 못하고 명분만 취하다 망했다는 것이다. 우리 근대화의 맹 아를 찾으려고 실학담론을 활용한 논의들은 '효용성', '유용성'과 직 결되는 '실사구시'·'이용후생'의 견인차를 공교롭게도 일제에서 구했 다. 일제를 경유한 서구의 근대화 논의가 그 중핵을 이루었다. 최근 실학과 결부되었던 근대성 논점에 대한 반성이 제기되는 것도 이러 한 맥락의 연장선에 있다고 할 수 있다. 유권종은 다음과 같이 말한 다. "1950년대부터 80년대까지 사용되던 근대성에 대한 인식은 수 정될 필요가 있다. 1980년대까지 사용되어온 근대성 혹은 근대화는 …… 한국사회의 성장 모델을 서구의 근대로 삼고 그것을 향해 가는 지적 동력을 한국 역사 속에서 찾아내기 위하여 고안되거나 원용한 개념이다."[7] 당대 공론장을 통해 한국의 미래를 염려하는 체했던 상당수 지식인들이 방향성을 상실한 '실사구시'의 논변을 자기 정당화의 변론으로 삼았다. 윤치호는 1893년 11월 1일자 일기의 고백이다. "만약 내가 마음대로 내 고국을 선택할 수 있다면, 나는 일본을 선택할 것이다. 오, 축복받은 일본이여! 동방의 낙원이여!" 한 걸음 더 나아가 이들이 사회진화론에 입각한 '적자생존'론을 펴며 자기 정당화를 시도한 것은 이미 알려진 사실이다. 당대 『독립신문』의 한 사설은 조선의 소위 실사구시를 추구하는 개화 지식인들에 대해 "남의게 의지 ᄒᆞᄂᆞᆫ 것을 쥬션 ᄒᆞᄂᆞᆫ 사름들"[8]이라고 비판한 바 있다. 상당수의 개화 지식인들은 개항 이래 채 한 세대도 지나지 않은 시점에서, 이미 스스로를 외국에 내어 맡겨서라도 문명화를 달성하려는 극단적인 발상으로까지 나아간 것이다.[9]

다른 한편, 실학담론 중심의 근대화 논의에 뒤이어 역사학의 새로운 사관으로 자리잡은 '민중사학'[10]은 지배층 중심의 역사 서술을 극복하고 민이 역사 발전의 주체라는 인식을 확산시키는 데 기여했다고 할 수 있다.[11] 민중사학자들은 해방 이후 한국 역사학계가 짊어져야 할 첫 번째 의무로 "한국사의 세계사적 보편성과 특수성을 밝혀내고 이를 토대로 한국사의 주체적인 발전 과정을 체계화함으로써 일제가 심어놓은 식민사학을 극복"할 것을 천명했다. 1960년대부터 '자본주의 맹아론' 등 '내재적 발전론'에 입각한 연구들이 이어졌다. 내재적 발전론은 조선시대의 봉건성을 극복할 수 있는 근대적 맹아가 조선 내적으로 존재했다고 주장한다. 근대이행기 변혁운동에 관한 상당수 연구가 이 내재적 발전론의 연장선에서 이루어졌다.

民民의 나라, 조선

그러나 상당수의 내재적 발전론자들이 실학담론의 근대화 논점과 마찬가지로 이념형으로서의 서구 경험을 기준으로 근대이행기의 역사상과 민중상을 구축하고자 했다는 점에서 비판되었다. 내재적 발전론은 은연 중 서구 중심적 역사관을 차용하고, "서구의 근대를 따라잡아야 할 것, 반드시 거쳐야 할 것, 혹은 우리 역사 속에서 반드시 찾아내야 할 것"[12]으로 전제했다. 서구 모델을 근대화의 전형으로 삼아 조선의 역사를 이 해답지에 맞추어 재단한 것이다.

또 다른 관점에서 조선의 근대를 설명하려는 시도가 경제사학계를 중심으로 제기되었다. 흔히 '식민지근대화론' 또는 '19세기 위기론'[13]이라 부르는 논의들이 그것이다.[14] 식민지근대화론은 내재적 발전론이 난관에 부딪혔던 19세기 조선의 단절적 역사 해석을 겨냥했다. 이 '식민지근대화론'은 19세기 조선의 역사상과 역사적 위치를 17·18세기 이래 20세기에 이르는 한국사의 거시적 흐름 속에서 파악하고자 했다.[15] 식민지근대화론(또는 '19세기 위기론')은 19세기 조선 사회를 내부적 동력에 의한 근대이행의 가능성이 부재했을 뿐만 아니라 외세의 작용이 없었더라도 조선왕조는 자멸해가는, 말 그대로 '풍전등화'의 극단적 위기라고 본다. 이 위기론자들의 식민지 시기 인식의 요체는 일본에 의한 정치적·경제적 관리와 자본주의 근대의 이식에 의해 '19세기의 위기'가 비로소 극복되고, 본격적인 근대경제가 시작되었다는 것이다.[16]

'19세기 위기론'의 대표적 논자인 이영훈은 앞선 두 논의 경향들, 즉 일제의 식민사관과 내재적 발전론의 한계를 각각 비판하면서 식민지근대화론과의 차별성을 부각시키고자 했다. 식민시기에 일본인 학자들이 정립한 이른바 '조선사회정체론(朝鮮社會停滯論)'이 "조선왕조 5백년에 걸친, 약진도 없고 변화도 없고 언제나 동일하기만 했던 의미의 정체를 운운하였지만" 그것은 명백히 잘못되었다는 것이다. 즉 '조선사회정체론'은 17~18세기의 고양기를 19세기와 동일시하는 오류를 범했다는 것이고, 조선시대사의 내재적 발전 과정에 대한 이해가 아직 성립해 있지도 않은 단계에서 19세기 말의 상황을 이전 5백년으로 소급(遡及) 적용하는 비역사적 방법론에 기초해서 틀렸다는 것이다. 또한 1950년대 이후 남북한에서 공히 지배적 사조를 이루어 온 '내재적 발전론'은 이와 역(逆)의 문제점을 지적해야 한다고 말한다.[17] 이영훈은 조선의 경제를 "18세기 중엽을 정점으로 한 다음, 1830년대까지 완만한 정체상태를 보였으며, 1840년대부터는 경제체제의 안정성을 상실하였고, 이후 1850년대 중반부터 대략 40년간, 즉 1890년대 중반까지는 심각한 위기의 시대였다."[18]고 파악한다.

이러한 '19세기 위기론'에 대해 배항섭은 "조선왕조 500년을 지탱해 온 조선사회의 여러 측면들이 완전히 붕괴해버려 자멸의 길을 걷는 19세기 상을 그리고 있다는 점에서 정체성론자들과 차이가 없으며, 한국사의 전근대와 근대의 관계가 극단적일 정도로 단절적"이라고 비판한다.[19] 또한 '19세기 위기론'에서 말하는 위기라면 "모든 문명국가가 겪었을 법하다. 따라서 유독 조선의 19세기에 대해서만 '소농사회'가 이루어 놓았던 '발전'과 '안정'을 모두 '말아먹고' 급기야 체제가 자멸할 정도의 재앙적 위기에 처했다고 과장하는 것은 무리수일 수 밖에 없다. 그러나 이영훈은 자신의 주장을 후퇴·수정하면서도 19세기가 '맬더스의 위기'였다는 주장을 끝내 철회하지는 않는다. 그는 '19세기 위기'라는 표현을 '19세기 경제체제의 위기'로 바꾸었고, 또 '경제체제의 위기가 반드시 대규모 기근과 인구의 격심한 감소를 몰고 온다고는 생각하지 않는다.'고 하여 주장의 강도를 현저하게 낮추었다.'고 비판한다.[20] 비판의 요지는 '19세기 위기론'이 조선의 19세기 사회경제적 측면을 간과하거나 외면하고 있으며, 그 바탕에 내재적 발전론과 마찬가지로 서구 중심적·근대 중심적 편향이 자리하고 있다는 것이다.

이런 맥락에서 보면, 그동안 역사학계의 조선시대 연구는 기존 식민사관의 편향적 오류를 극복하기 위한 다양한 자료와 논점들을 발굴하고 이 성과를 새롭게 정립해 가는 일련의 논쟁 과정에 있다고 할 수 있다. 최근에는 18~19세기 조선사회에 근대적 맹아가 있었는지, 아니면 식민시기에 와서야 비로소 한국의 근대가 개시되었는지 여부를 다투는 내재적 발전론과 식민지근대화론을 포함하여 소위 근대화 이행기 민중운동을 다루는 연구들에 이르기까지 발전론적·서구 중심적 편향이나 토대환원론적 접근 방식의 오류가 나타나고 있다는 비판이 제기되었다. 조선시대를 발전론적·근대주의적 틀로 설명할 경우 서구의 경험을 준거로 하여 선험적으로 한국사를 전제하게 되고, 이 도식에 한국사가 얼마나 부합하였으냐 여부에 주목하게 된다는 것이다. 이럴 경우 서구와 이질적인 한국사의 독자성과 보편성에 대한 구체적 이해가 어려워지기 때문에 조선시대를 이해하는 데 '근대'나 '반근대'의 도식을 넘어선 또 다른 해석이 필요하다는 것이다.

새로운 자료들을 발굴하고, 인접 분야의 연구에도 커다란 자극을 줌으로써 근대이행기 역사상을 한층 풍부하게 만들었다는 점에서 근대이행기 민중운동 연구들이 기여했지만, 제대로 조선의 민중을 아래로부터 이해하는 데는 실패했다. 배항섭은 근대이행기 '민'을 편향적 방법론 속에서 가두어 버린 서구 중심적·근대주의적 역사 인식과 토대환원론적인 접근 방식의 폐단을 다음과 같이 지적한다. "동학농민전쟁을 비롯하여 '근대이행기' 민중운동과 관련해서 지금 까지 연구는 민중운동의 지향을 대체로 '반봉건 반외세'로 이해하 였다. 이 가운데 '반봉건'에 대한 이해는 대체로 조선사회의 규정적 생산관계가 지주제이고, 그것을 해체하는 것이야말로 '반봉건'의 핵 심이라는 점에 근거하고 있다. 곧 조선사회의 '봉건성'의 핵심은 지 주제에 있으며, 그에 따라 민중운동은 지주제를 중요한 모순으로 인 식하였고 그것을 해체함으로써 '근대'를 지향하였다."[21] 결국 조선 의 민중은 그 실체적 내용과는 상관없이 이러한 근대지향적 테제에 갇혀 모순 해결의 과제를 수행하는 존재로 단정되고 말았다. 그 결 과 "민중의 주체성은 박탈당하고 그들의 생각과 행동에 담긴 고유 한 측면은 억압·배제된다." 이와 더불어 "민중의식이나 민중의 정치 문화가 근대 지향 여부의 맥락에서만 파악되기 때문에 그것이 가진 독자적 성격에 대한 접근을 어렵게 하며, 민중상이나 민중운동도 다 만 근대를 향해 돌진하는 역사상 속에 구겨 넣게 된다."[22]

실제 조선시대 민란의 구체적 내막은 기존의 '지주제 타파'라는 근대화 가설과 달랐다. "1862년 임술민란 당시 처음부터 빈농에 가 까운 초군들이 주도한 사례가 많았던 충청지역의 경우 반토호투쟁 이 다른 지역에 비해 고양되었지만, 지주제를 반대하는 구호는 없었 다. 또 민란의 대체적인 전개 과정을 볼 때 요호부민이 주도한 초기 단계와 달리 진행 과정에서 점차 요호부민은 탈락하고 빈농층이 중 심이 되어 폭력투쟁을 전개하는 것이 일반적이었지만, 이때도 지주제에 반대하는 구호는 제기되지 않았다." 민란이나 동학농민전쟁에서 제시한 요구 조건에도 지주제 반대와 관련된 요구는 확인되지 않는다. 개성민란이나 동학농민전쟁에서 토지 소유 문제와 관련된 요구가 일부 나타나지만, 이 역시 지주제 철폐와는 거리가 멀었다. 오히려 소유권에 대한 부당한 침해로부터 자유로운 사적 소유권의 보장을 요구하는 것이었다.[23]

　그렇다면, 결과론적으로 지주제에 반대하지 않았던 조선 후기의 민란은 전부 반근대를 지향한 것이 되는가? 배항섭은 이러한 양상은 기왕의 이해로는 설명하기 불가능한 조선사회의 특수성이라고 강조한다. 따라서 조선시대의 민을 연구하기 위한 새로운 고민과 접근 방법이 요청된다는 것이다. 이것은 일종의 "이율배반성"으로 현상하는데, 동학농민전쟁 당시의 요구에 이러한 이율배반적 양상이 동시에 나타난다. "동학농민전쟁에서는 한편으로 토지소유권의 확보를 목적으로 한 요구 조건이 제시된 반면, 다른 한편으로 지주제 폐지를 전제로 한 토지개혁 방안이 구상되고 있었다. 서로 다른 두 가지 종류의 토지 소유 관련 요구가 제시되거나 구상되고 있었던 것이다. 단순히 비교해볼 때 하나는 사적 소유권을 온전히 지키려는 것이었고, 다른 하나는 토지의 사적 소유를 철폐하려는 것이었다. 이런 이율배반적인 현상은 '근대이행기' 민중운동이 지주제 철폐를 통해 근대를 지향했다거나, 혹은 그 반대로 반근대를 지향했다는 기왕의 이해 가운데 어느 쪽으로도 온전히 설명하기 어렵다."[24] 이러한 민중의식은 엘리트들의 그것과 다른 것이었고, 서구 중심적·발전론적 시각으로는 포착할 수 없는, '근대'나 '반근대' 너머의 고유한 영역과 성격을 가지고 있었음을 의미한다.[25] 배항섭은 이러한 배

경 하에서 근대를 '상대화'하는 방법을 조선시대 민중사의 방법론으로 고민한다.[26]

　이러한 일련의 논의들을 통해 확인되는 사실은 조선시대를 둘러싼 '근대' 해석이 여전히 논쟁 중에 있으며, 앞으로 상당한 연구 성과들이 축적될 필요가 있다는 점이다. 필자는 조선의 실체를 서구적 앵글로 재단하지 말고 실체 자체에 주목해야 한다는 주장에 공감한다. 그러나 다른 한편으로, 조선의 실체를 제대로 해석하기 위해서는 비교의 준거를 명료하게 설정할 필요가 있고, 그 보편적 비교 준거까지 제거할 경우 자칫 조선 역사 해석의 '자의적' 특수성에 빠질 우려 또한 경계할 필요가 있다. 조선시대를 '근대'라는 보편성이 갖는 함의를 넘어서 또 다른 그 무엇(근대와 반근대의 '너머'-배항섭)으로 파악하고자 하는 의욕적 시도를 염두에 두되, 연구의 초점을 '근대'를 우회하는 것이 아니라 편향된 기존의 '근대화' 개념을 교정하고, 이 개념상을 바탕으로 조선시대의 정치사회적 실체를 재조명하는 데 두고자 한다.

2. '근대' 논쟁의 정치사상적 일해석

1) 18~19세기 조선의 '근대'를 둘러싼 쟁점

다양한 경로로 한국의 근대사 해석을 둘러싸고 다양한 논쟁이 있어 왔다. 한국 근대사 논쟁은 1970년대 말 신용하 교수와 김용섭 교수 사이에 전개된 '광무개혁' 논쟁을 시작으로 본격적으로 촉발되었다고 할 수 있다. 한국 근대사 해석과 관련하여 중요한 논점을 형성한 두 권의 저술이 연이어 출간되었다. 1975년 김용섭의 『한국근대농업사연구』가 나오고, 바로 다음 해인 1976년 신용하의 『독립협회연구』가 나왔다. 김용섭은 『독립협회연구』에 대한 서평에서 "개혁운동이 제도적으로 마무리되는 것은 19세기 최말기에서 20세기 초에 걸치면서 수행된 지배층 중심의 이른바 광무개혁이었다."고 제기하며, 독립협회의 사회운동을 한국 근대사의 시작으로 주장하는 경우 토지개혁 사상의 불명료성, 사회운동의 주체 문제 등에서 보다 명료한 분석이 필요하다고 지적하였다.[27] '광무개혁'은 봉건지주제를 근대적 자본가적인 지주제로 전환시키고 그를 통해 자본주의 경제체제 근대국가를 수립하려는 것이었으며, 그러한 일련의 작업이 제도적으로 마무리되는 시점이 '광무개혁'이라는 것이다.[28] 반면, 신용하는 『한국근대농업사연구』에 대한 반박 서평을 통해 이 시기 개혁운동의 주류는 독립협회와 만민공동회 운동이었으며, 그 후 개혁운동의 핵심이 재야구국개혁운동에 있었음을 주장하며 김용섭의 논지를 비판하였다.[29] 그리고 2년 후 재차 "광무개혁론"의 허구성을 주장하는 글을 『창작과 비평』에 게재하였다.[30] 신용하는 대한제국기 집권세력을 기본적으로 친로수구파로 규정하고 이들이 실시한 개혁사업을 근대적 외형만을 갖춘 수구고식책(守舊姑息策)의 범주를 벗어나지 못한다고 하면서 광무정권의 본질을 '봉건제도 유지'에서 찾았다.[31] 이 논쟁은 한국 근대사 해석의 문제를 학계에 촉발시키는 계기가 되었다.

약 30여 년 뒤 한국 근대사 논쟁에 중요한 쟁점 중 하나인 대한제국기 해석에 관한 논쟁이 재점화되었다. 논쟁의 쟁점이 다소 달라지기는 했지만, 이태진 교수는 대한제국기의 근대화 동력을 고종에게서 찾아야 한다고 주장했다. 이 주장은 2004년 『교수신문』에서 진행된 역사학계와 경제사학계 사이의 격렬한 논쟁으로 이어졌다. 논점은 영·정조의 '민국' 이념을 봉건제적 통치와 질적으로 구분되는 새로운 통치 이념으로 해석할 것인지 여부로까지 확대되었다. 이 문제는 한국의 근대가 내재적 근대화의 경로를 따라 진행되고 있었는지, 식민시기에 와서야 비로소 근대화가 시작된 것인지 여부로 이어졌다. 한국의 근대 형성을 둘러싸고 진행된 이 논쟁은 주요 논쟁자인 이태진, 김재호 교수 외에 9명의 학자가 개입할 정도로 주목을 받았다. 이태진 교수가 그동안 묻혀 있던 故 김대준 교수의 1974년 박사논문을 발굴해 『고종시대의 국가재정 연구』(2004)라는 책으로 출간한 것이 논쟁의 신호탄이었다. 이 책은 고종시대 재정이 '근대적 형태를 갖추고 있었다는 주장'으로 기존 학계의 정설과 정면으로 충돌했다. 교수신문사는 이 책과 이태진 교수의 『고종시대의 재조명』(2000)을 함께 묶어 논쟁적 서평으로 다루었다.

　김재호 교수가 이 두 책에 대한 서평을 통해 한국 근대사 논쟁의 포문을 열었다. 이 서평에서 김재호는 『고종시대의 재조명』의 요지를 "첫째, 개항기 자주적 근대국가 수립의 주체는 고종이었다. 둘째 고종은 '계몽절대군주'였다. 셋째, 고종은 영조와 정조의 근대 지향적인 '민국정치' 이념을 계승했다. 넷째, 대한제국의 전제군주정은 민국정치를 계승, 발전시켰다는 점에서 근대적인 성격을 갖는 것이었다. 다섯째, 고종의 근대화 노력은 대한제국의 근대화 정책(광무개혁)에 의해서 실현됐다. 여섯째, 대한제국의 근대화 정책은 성공을 우려한 일본의 침략에 의해서 좌절됐다."는 것으로 정리했다. 김재호는 이 내용 어디에도 "우리나라 근대사에서 가장 중요한 주제인 왕정 극복이라는 문제의식은 찾아볼 수 없다."고 일갈했다. 그리고 근대적 재정제도를 갖추었다는 주장도 오류라고 비판했다.[32] 그 오류의 핵심은 "황실 재정의 팽창과 정부 재정에 대한 황실의 지배로 인해 갑오개혁의 성과가 전도된 것을 간과했다."는 데 있다는 것이다.[33]

　이 비판에 대해 이태진은 "일제 식민주의 역사 왜곡의 덫에 걸려 있는" 견해라고 맞섰다. 이태진은 "민국이념은 서학, 동학과 일맥상통하며, 18세기 조선의 군주들은 양반의 우두머리가 아니라 온 백성의 지지를 받는 새로운 군주상을 그리고 있었다. 이러한 맥을 이어받은 대한제국의 근대화 사업은 더 많은 발굴이 필요하다. 대한제국은 무능해서 망한 것이 아니라 근대화 사업의 빠른 성과에 대한 일본의 조기 박멸책에 희생되었던 것"이라고 주장했다. 또한 대한제국이 18세기 이래 군민일체의 민국정치 이념을 계승해 이를 근대국가의 수립기반으로 삼고자 했음을 강조했다. 비록 실패했고, 한계를 지녔지만 민국이념의 계통을 이어 받은 '개명군주' 고종에 의해 추동된 대한제국의 근대화 노력을 새롭게 조명할 필요가 있다는 것이다.[34]

김재호는 대한제국이 '근대'와 거리가 먼 전근대 정치체제를 강하게 고수했고, 매관매직을 일삼아 부패로 얼룩져 있었기 때문에 근대 형성의 동력으로 삼을 수 없다는 반론으로 다시 맞섰다. 특히 "민국정치 이념을 혁신적으로 보기 어렵다. 이태진 교수는 18세기 민국정치 이념이 국왕을 양반의 우두머리에서 백성(국민) 전체에 대한 통치자로 새롭게 규정하고 있다는 점에서 근대(지향)적이라고 강조했지만 조선왕조의 국왕은 왕조 개창부터 '적자(赤子)'로 표현되는 백성의 어버이임을 자임하고 있었다. 둘째, 1894년 갑오개혁에 의해서 신분제도가 혁파될 때까지 조선왕조는 제도적으로 양천(良賤)·반상(班常)의 차별이 엄존한 신분사회였으며 사람을 사고파는 인신매매가 관행된 사회였다. 이러한 사회에서 동질적인 국민(또는 민족)을 말할 수는 없다고 생각한다."[35]

이태진의 재반론이 이어졌다. "첫째, 적자론도 신분적 차별의식이 있던 때와 거기서 벗어나는 때 사이의 함의가 다르다는 것을 해독해야 한다. 김 교수는 조선사회가 1894년 신분제도 혁파 때까지 신분차별이 엄존한 사회라고 했지만, 잔재적 현상은 그 후에도 계속되지 않았던가. 갑오개혁의 신분제 철폐는 독존적인 것이 아니라 정조가 민국이념 차원에서 결정한 공사노비 전면 철폐, 이에 대한 고종의 사노비 세습 혁파 재천명(1886) 등을 배경으로 가능한 것이었다. 둘째, 조선의 왕정을 군주 전횡의 역사로 알고 있다면 이는 큰 잘못이다. 조선왕조는 군주정이지만 『경국대전』 이래 시대 변화에 맞춰

民의 나라, 조선

새로운 법전을 여러 차례 편찬할 정도로 법치 기반이 강했다." 그리고 고종을 거론해야 하는 이유는 이 시대 역사 왜곡의 핵심이 고종의 무능을 향해 있기 때문임을 강조했다.[36]

아쉽게도 이 논쟁은 신뢰할 수 있는 통계수치가 아직 완비되지 못한 영역에서는 서로 상이한 통계치를 동원하거나 같은 통계수치를 놓고 서로 다른 해석을 가하며 사회·경제적 근대화 해석과 관련하여 현저한 시각차만 확인한 채 종결되었다. 이 논쟁이 조금 더 진전된 연구성과들을 만들어내지 못한 또 다른 이유 중 하나는 논쟁 과정에서 자주 등장한 '근대화', '계몽군주정', '전제군주정', '개명군주' 등과 같은 정치사상적 개념상의 불일치도 한 원인이었다. 엄밀한 정치사상적 개념 정립이 요구되는 대목에서 논자들의 필요에 따라 다소 자의적으로 개념들이 동원되었고, 그러다 보니 고종시대의 재조명에서 핵심 논점인 18세기 '민국사상' 또는 '민국이념'의 정치사상적 위상도 대립점만 확인한 채 종결되었다.

이 논쟁이 19세기 고종시대를 중심으로 한 근대 논쟁이었다면, 지난 2011년 12월 〈역사학회〉 주관으로 한국사, 동·서양사 연구자들이 대거 참여한 가운데 "역사로 본 18세기"라는 주제의 학술대회는 18세기를 쟁점으로 삼았다. 이 자리에서 조선의 18세기와 근대에 대한 다양한 해석들이 제기되었다. '조선의 전환기'라고 할 수 있는 18세기에 주목한다는 점에서 이 학술대회의 의의는 컸다. 내재적 발전론이나 식민지근대화론도 조선의 전환기를 18세기로 보는 것에는 이견이 없다. 18세기를 '조선의 전환기'로 명명할 수 있는 것은 조선에서 '민국' 이념이 본격적으로 제기되었을 뿐만 아니라 다른 한 축으로 사회경제적 구조 변화가 이루어진 세기이자, 신분제적 국체의 균열이 일어난 세기적 특성을 바탕으로 한 것이다. 18세기가 갖는 연구사적 가치는 '한국18세기학회'가 창립된 것에서도 확인된다. 동 학회가 2004년 출간한 『위대한 백년 18세기』(태학사)에서는 "동서양 을 막론하고 18세기는 자부의 세기"였음이 강조되고 있다. 서양에서 18세기가 절대왕정, 계몽사상, 시민혁명의 시대라면, 그 시기 중국 은 경제번영, 문운, 평화의 시대였고, 한국은 상공업 발달, 문예부흥, 영·정조 같은 탕평군주의 시대였다.[37]

대한제국을 둘러싼 논쟁과 마찬가지로 조선의 18세기를 중심으로 한 '근대' 논쟁에서도 격론이 벌어졌다. 박광용 교수는 18세기를 적극 적으로 해석하는 입장에서, 탕평민국 정체를 "백성 일반에 대한 인식 과 정책의 변화"가 일어난 것으로 평가한다. 반면, 오수창 교수는 탕평 군주가 절대적인 군주권을 정립하고자 한 사실은 명백하지만 그것이 큰 의미를 갖는 것은 아니라고 본다. 오수창의 강조점은 19세기 '민' 일 반과 국가권력의 직접 대면을 향해 있다.

18세기 '탕평'론을 새로운 정치 형태로 파악하는 박광용의 논지 를 먼저 살펴보자. 그는 18세기 "'경민(敬民)'론, '민오동포(民吾同胞)' 론과 '대동(大同)'론의 강화를 통한 백성에 대한 파악 방식의 변화" 가 나타났다는 사실을 강조한다. 이 백성관의 변화가 갖는 의미는 "백성은 국가의 근본이라는 '민위방본(民爲邦本)'과 같은 민본사상, 위민(爲民), 애민(愛民), 보민(保民)론 등에서 사상적으로 한 단계 더 나가는 백성관"이라는 것이다. 실제 18세기 군주들은 이전 군주들 과 달리 즉위 초부터 '백성은 나와 한 핏줄'이라는 '민오동포'를 강 조하였다. 영조 집권 초반기 사대부의 상소에서도 '경민'에 대한 강 조가 확인된다. 이런 경향은 영조 말년으로 갈수록 더 강화되었다.

공론영역의 구조도 군주사대부의 공론구조와 달리 민의를 바탕으로 한 새로운 공론구조가 형성되었다. "정조는 민의가 상달될 수 있는 통로를 적극 제도화하여 사회문제를 파악하는 한편, 새로 성장하는 사회세력을 체제 내로 흡수하여 사회를 안정시키려 하였다." 이렇게 본다면, 조선의 18세기는 이러한 "중앙의 공론정치의 변화와 맞물려, 지방 사회에서도 사족이 주도하는 일향공론(一鄉公論)이 분열되기도 하고 서얼까지 포함하는 새로운 향족(신향, 新鄉)이 대두하면서 이른바 '향전(鄉戰)'도 자주 발생"하는 전환의 세기였다.[38]

그러나 오수창의 18세기 변화상에 대한 견해는 다르다. "영·정조가 추구한 군주의 절대권은 앞 시기에 정립되고 발전되어 온 정치이념의 후퇴를 뜻하는 것"이었지, 백성관의 진보가 아니라는 것이다. 심지어 "탕평군주가 지향한 군주의 절대권력은 군신 간에 공동으로 따라야 할 논리를 부정하는 것"으로 해석한다. "탕평정치는 현실적으로 국가 전체를 이끌어가는 정치체제로 정립된 것이었다고 보기 힘들며, 영조나 정조의 정책은 후대로 계승·발전되기가 매우 어려운 정치질서를 지향하였다." 그리고 "18세기 정치의 근본적 과제는 국왕권의 안정보다는, 장기적으로 군주 지배체제를 극복할 전망을 마련하는 데 있었다."는 것이다. 이러한 18세기 이해를 전제로 오수창은 19세기 세도정치기를 탕평정치기의 필연적 귀결로 해석한다. 그는 19세기 세도정치기의 운영 주체, 정치구조와 운영 등의 모든 측면이 붕당정치→환국→탕평정치로 이어지는 조선 후기 정치사의 계기적 귀결로 나타났다고 지적한다.[39]

이 두 견해는 과연 조선의 '18세기'가 근대화 여정의 중대한 변곡점인지 여부에 대한 상반된 견해를 보여주고 있다. 필자가 보기에는 조선의 18세기 사회구조적 변화의 정도는 가히 조선 519년 역사상 근대적 전환기라 부를 수 있을 만큼 그 변화의 강도가 강했다. 이 변화는 양반 중심의 신분제 국체(國體)에서 백성의 나라 '민국'으로의 전환을 초래한 일대 격변이라고 평할 수 있다. 조선 정치사에서 18세기의 해석이 중요한 이유는 앞서 본 바와 같이 이태진의 긍정적 고종 해석의 출발점이기도 하며, 김용섭과 신용하의 광무개혁 해석과도 연관되기 때문이다. 18세기 전환기 해석에서 중요한 맥락은 앞서 살펴본 바와 같이 조선의 국체적 전환을 상징하는 '민국'에 있다. '민국' 이념을 조선의 신분제적 변화상에 대한 '탕평군주의 대응과 수용'이라는 차원에서 검토한 최초 논자는 이태진이다.[40] 이태진의 '민국' 이념에 대한 강조 이후 한영우가 통사 『다시 찾는 우리역사』에서 '민국'에 호응했고, 대한제국의 국가 성격을 설명하는 데까지 민국 개념을 활용하였다.[41] 이완범은 이 '민국' 이념을 대한민국 국호의 지향적 차원[42]에서 활용하였고, 김백철은 민국 개념의 역사적 용례에 관한 정교한 분석을 시도하기도 하였다.[43] 최근 황태연은 '민국' 이념을 정치사상적으로 '백성의 나라'를 뜻하는 국체의 맥락에서 해석할 뿐만 아니라 대한제국기를 '민국' 이념의 실현을 통한 '명실상부한' 국민국가의 단계로 진전시켜 논증하고 있다. 이렇듯 정치사상적으로 한국 근대사에서 '민국' 이념의 실체화에 대한 평가는 한국 근대화를 포착하는 출발점으로 삼을 수 있다.

여기서 '국체'와 '정체'의 구분을 명료하게 정리하고 넘어갈 필요가 있다. '국체'란, '신분제국가'(양반국가)와 평등한 탈신분제적 '국민국가'(평민국가)를 가르는 개념이 된다. 신분제적 '양반국가'나 '국민국가'의 '국체'는 제각기 군주정(봉건군주정, 절대군주정, 계몽군주정,

입헌적 제한군주정), 귀족정(봉신귀족정, 사대부귀족정, 금권귀족정), 공화정(귀족공화정, 민주공화정+독재공화정, 계급·인민공화정) 중 어느 '정체'와도 여러 수준에서 여러 방식으로 결합할 수 있다. 실제 동서 역사상 그래 왔다. 이 결합관계에서 왕권과 민권, 귀족의 신분특권과 국민의 권리는 타협과 양보를 통해 명멸했다. 조선에서 '백성의 나라'로서의 '민국' 국체는 탕평시대 정체인 영정조의 '계몽군주정'과 결합하여 성장한다. 연약한 '민국국체'와 '탕평정체'는 줄탁동기(啐啄同機)처럼 서로 호응하며 발아했고 상후부지해서만 발전할 수 있었다. (서구 대륙에서도 부화단계의 '국민국가'는 프랑스·독일·스페인·러시아 등의 '계몽군주정'과 결합하여 발전되어 나온다. 반면, 영국에서 '국민국가'는 '입헌·제한군주정'을 통해 성장했고, 미국에서 국민국가는 영국의 식민통치 아래서 발아되어 있다가 '민주공화정'의 혁명적 수립을 통해서 개화되었다.)[44]

필자가 보기에는 18세기 사회구조적 변화와 더불어 국체론적 변화가 수반되었기에 18세기에 큰 의미를 두지 않는 상당수 논자들조차 19세기 '민'의 성장에 정치사의 포커스를 맞출 수 있게 된 것이다. 역사학회가 18세기를 학술대회의 주제로 잡은 것이나, 18세기를 중심으로 "탈중화 문제", "근대경제성장의 기반 형성기" 등이 검토될 수 있었던 배경도 조선의 18세기가 갖는 전환기적 중요성을 재확인하는 것이라고 할 수 있다.[45] 한국 근대화의 탐침은 18세기 조선의 전환기에 대한 재조명에서부터 시작할 필요가 있다.

2) 국체론적 전환과 조선의 정치적 근대화

조선역사의 제반 변화상을 포착하기 위해서는 기왕의 봉건적 질서가 균열을 일으키면서 기존 질서와 다른 양상의 '가치변화(changing values)'와 '사회변화(changing societies)'가 일어나는 '근대화(modernization)' 양상에 주목할 필요가 있다.[46] 다시 말해 근대와 반근대의 양상이 동시에 공존하는 현상을 근대와 반근대의 '너머', 즉 다른 제3의 그 무엇으로 설정하는 것이 아니라 새로운 질서를 예비하는 균열상, 다시 말해 근대화의 전환 양상에 주목할 필요가 있다.

국민국가 차원에서 정치적 '근대화'는 '민주화'로 완성된다. '국민에 의한 통치(또는 정치)', 즉 '민주화'는 국민국가 형성의 최고 정점에서 가능한 것으로 가장 고차적인 근대화 수준을 의미한다. 따라서 근대화의 최고봉에 해당하는 '민주화' 요소를 바탕으로 조선의 근대를 평가하는 것은 적절치 못하다. 자칫 신분제적 국체의 균열을 조명하고, 평가해야 할 단계가 생략된 채 비약적 결론을 마주하게 될 것이기 때문이다. 흔히 범하기 쉬운 오류가 '공화제'에 대한 맹신과 '군주제'에 대한 비하다. 조선의 19세기를 폄하하는 주요 논지들이 이러한 오류들을 무의식적으로 반복하는 경향이 강하다. 가령 앞선 김재호의 논점, 즉 "우리나라 근대사에서 가장 중요한 주제인 왕정 극복이라는 문제의식은 찾아 볼 수 없다."는 주장이 대표적이다. 본질적인 질문을 던져보자. 우리나라 근대사의 가장 중요한 주제가 왕정극복인가? 왕정을 극복하면 정치적 근대화가 완성되는가? 왕정극복이라는 상징성이 중요한 것이 아니라 어떠한 국체가 만들어졌는지 여부가 보다 중요하다. 왕정을 극복한 '공화정'의 역사적 맥락을 다시 상기해보자. 공화정은 국민의 정치적 참정을 수용하는 양상으로 전개되기도 하지만, 크롬웰의 공화

民民의 나라, 조선

정과 같이 국민들의 참정권 요구를 탄압하고, 중산층 이상의 귀족을 중심으로 한 신분제적 공화정을 지향할 수도 있다. 왕정을 극복했지만 국체는 여전히 신분제적 질서를 바탕으로 하고 있다면, '왕의 목을 쳤느냐' 여부로 정치적 근대화 여부를 가르는 지표로 삼을 수 없다는 말이다. 왕의 목을 보존한 상황, 즉 군주제를 보자. 군주제는 봉건제를 극복하는 과정에서 중앙집권화된 형태로 등장하며, '국민화'되고 있는 백성 위에 군림하는 전제군주정이냐, 군주의 역할을 '국민의 제1공복'으로 규정한 프리드리히 대제 같은 계몽군주정이냐 여부에 따라 그 국체의 성격이 천양지차로 갈릴 수 있다.

우리가 주목해야 하는 것은 '왕정극복' 여부가 아니라 조선의 '국체'가 세습신분적 '양반의 국가'였는지, 언제 신분적으로 자유로운 '백성의 나라'로 전환하였는지 여부다. 조선에서 '백성의 나라' 형성은 왕권신수설로부터 주권재민론으로 정치발전을 기해온 서양과는 다른 정치사상적 맥락에서 발전했다. 조선과 동아시아의 모든 유자들이 닳도록 암송한 유학 경전 『서경』이 전하는 우(禹)임금의 유훈(遺訓),[47] 즉 '민유방본(民惟邦本)'의 영향 때문이었다. 『대학』의 '물유본말(物有本末)'론을 따를 때, '민유방본'은 백성을 '나라의 근본'으로 높여 대하고 임금과 사대부를 '말단'으로 간주한다는 명제다. 이 명제는 "국가는 '군주 1인의 국가'가 아니라 '국민의 국가'다."라는 말로 부연할 수 있다. 이 민유방본 명제는 "대도가 행해질 때 천하는 공물이고, 현군과 능력자를 선출한다(大道之行也 天下爲公 選賢與能)."는 공자의 대동사회론[48] 및 "백성은 가장 귀하고 사직은 그 다음이고 임금은 가장 가볍다(民爲貴 社稷次之 君爲輕)."는 맹자의 민귀군경론(民貴君輕論)[49]과 연결시켜 "백성'은 '나라의 주인'이고 임금과 사대부는 '백성의 공복' 또는 '백성을 위한 종'이다."는 명제로 부연할 수도 있다. 이런 의미맥락에서 일찍이 영조는 '민유방본론'으로부터 "백성이 임금을 위해 있는 것이 아니라, 임금이 백성을 위해 있다."는 극적 해석을 도출하고 있다. 영조는 '민유방본론'으로부터 "1인으로서 천하의 다스려짐을 구하는 것이지, 천하가 1인을 받드는 것이 아니다."라는 명제를 도출하고, 여기에 다시 『서경』의 '작지군(作之君) 작지사(作之師)'를 연결시켜 "백성을 위해 임금이 있는 것이지, 임금을 위해 백성이 있는 것이 아니다."는 파격적 명제를 끌어내고 있다.[50]

　　…… 오! (하늘이) 임금을 만들고 스승을 만든 것은 곧 백성을 위한 것이다(作之君 作之師 卽爲民也). 백성을 위해 임금이 있는 것이지, 임금을 위해 백성이 있는 것이 아니다(爲民有君, 不以爲君有民也).[51]

　　민유방본론에 따라 공자의 군주는 '군주를 위한 군주'가 아니라 '백성을 위한 군주'이고 서양에서도 계몽군주정에서는 '국가의 제일 노복'이기에 "백성은 임금을 모심으로써 자치하고, 임금을 먹여서 자안하고, 임금을 모셔서 자신을 드러낼(현저히 표현할)"[52] 수 있다. 따라서 '민국'은 반드시 국왕이 없는 '민주정'이거나 '공화정'일 필요가 없다. '민국' 국체는 오늘날처럼 '민주공화정'을 정체로 취할 수도 있지만, 소민(小民) 보호를 위해 "몸을 민국에 바쳤다(身許民國)", 즉 '나는 소민의 공복이다'고 거듭 천명한 영·정조의 계몽군주정, 그리고 '민국상여(民國相與)'를 외친 고종의 계몽전제정, 또는 "군주는 국민의 제1공복이다"라고 선언한 프리드리히2세의 '계몽전제정'이나 '계몽군주정(=계몽절대군주정)'을 정체로 취할 수도 있기 때문이다.[53]

이러한 맥락에서 본다면, 조선왕조를 부정하고 공화제를 지향하지 않았다는 이유로 동학농민전쟁을 '봉건적' 보수반동의 무장투쟁으로 평가하는 것은 비약적·작위적이다.[54] 동학농민군의 요구가 반상차별의 엄존을 요구하는 신분제를 지향하는 것이었다면 모를까 군주제를 인정하고 있다거나, 공화제를 지향하지 않았다는 이유로 '봉건적' 또는 '반근대적'이라고 단정하는 것은 곤란하다. 흔히 유럽의 18세기를 '근대혁명'의 시기로 평가하는 데, 19세기까지 대부분의 유럽 정치형태가 '군주정'이었다는 사실은 간과하는 경우가 많다. 게다가 대부분 유럽 국가들의 근대이행기에 왕정 극복의 요구가 필연적으로 나타난 것은 아니다.

　조선의 전환기적 '근대화' 양상을 검토하기 위해서는 먼저 근대적 전환 과정에서 나타나는 보편적 양상을 검토하는 것이 필요해 보인다. 이 전환기적 근대화 양상은 동시다발적으로 나타나거나 때로는 꼬리를 물고 순차적으로 이어져 오기도 하면서 중첩적·중층적으로 전개된다. 성리학적 신분제 질서의 균열이 시작되고, 백성들의 신분 상승이 이루어지고, 다양한 방식을 통해 '정치에 참여'(참정)하게 되는 것이 그 출발이다. 이러한 구조적 변화는 점차 경제적 영역으로 확산되어 신분제적 질서의 균열을 반영한 배타적 소유권 행사를 초래하고, 이러한 현상이 사회적으로 관습화(보다 높은 차원에서는 법제화)되는 단계에 도달한다. 이러한 단계는 구질서와 단절적으로 진행되기도 하고 중첩적으로 전개되기도 한다. 페리 엔더슨(Perry Anderson)이 마르크스의 서구 절대주의 해석을 뒤로 하고, 절대주의의 국가구조를 면밀히 탐사해 들어간 것도 이러한 전환기적 양상을 드러내기 위한 것이었다. 엔더슨은『절대주의 국가의 계보』에서 자본주의의 현저한 요소들로 설명되는 서구 절대주의 국가의 특징이 실제는 구시대 질서의 균열과 중첩적인 것이었음을 밝히고 있다.

절대왕정 시대에 상비군, 상설적 관료기구, 국민적 조세, 법적, 통일된 시장의 초기 형태가 도입되었다. 이 모든 특징들은 현저하게 자본주의적인 것으로 보인다. 이것들이 유럽의 봉건적 생산양식의 핵심적인 제도인 농노제의 소멸과 같은 시기에 나타났기 때문에 마르크스와 엥겔스가 절대주의를 부르주아지와 귀족 간의 균형을 나타내거나 심지어는 자본 자체의 완전한 지배를 나타내는 국가체제로 절대주의를 묘사한 것은 그럴듯해 보이는 경우가 많다.[55]

엔더슨은 여기서 서구 절대주의 국가구조를 좀더 면밀히 탐침해 들어간다. 농노제가 폐지되었다고 해도 농촌의 봉건적 관계가 사라진 것을 의미하는 것은 아니기 때문이다. "농촌의 잉여가 더 이상 노동이나 현물공납의 형태로 창출되지 않고 화폐지대로 바뀌었다고 하더라도 사적으로 행해지는 경제 외적 강제와 인신적 예속 그리고 직접생산자와 생산수단의 결합 등이 반드시 사라지지 않았다는 것은 분명하다. 귀족의 농업재산이 자유로운 토지시장과 인력의 실제 이동을 막고 있는 한 농촌의 생산관계는 여전히 봉건적이다." 그렇다고 "이러한 봉건적 착취의 형태 변화들이 아무런 의미가 없는 것은 아니다. 진실로 국가의 형태를 변화시킨 것은 바로 이러한 변화들"[56]이기 때문이다.

또 다른 한편에서 신분제 질서가 균열을 일으키고, 배타적 소유권이 확립되어 가면서 개인들의 자발적 결사체 영역이 때로 기존 지배질서와 갈등을 일으키며 확산되는 양상이 전개된다. 조선시대 민의 영역에서는 이러한 근대적 요소들이 봉건적 질서와 중첩적으로 나타나고 있다. 또 제3장에서 후술하겠지만 이 중첩적 양상이 관통하던 민의 영역은 사상적으로도 지배영역과 차별적인 '해방사상'이 성리학적 지배이념과 길항관계를 맺고 있었다. 15세기경부터 민심의 저변에서 공감대를 형성하며 발전해 온 이념의 정수는 분명 성리학적 지배질서와 동시에 같은 공간을 점유했지만 분명 결이 다른 해방적 지향을 갖는 것이었다. 그리고 정치적 영역에서는 그 통치의 정도에 따라 어느 정도든 실질적으로 민에 의한 능동적 정치참여가 가능해지고, 정부가 이를 수용하지 못하는 경우 민은 제도영역 바깥에서 '민란'이라는 방식으로 새로운 정치적 영향력을 행사하게 된다. 상술했듯이 이 현상들은 동시다발적으로 진행되기도 하고, 시차를 두고 순차적으로 벌어지기도 한다. 이러한 근대적 전환의 경험을 통해 근대적 '국민'이 형성되고 '국민국가'가 만들어지는 것이다. 보다 구체적인 논점에 대해서는 제2장과 제3장에서 후술하기로 하고, 여기서는 일단 조선 후기 전환기적 근대화 양상을 중심으로 근대화의 단상을 5가지 갈래로 나누어 살펴보고자 한다. 첫째, 신분제적 국체의 균열상, 둘째, 탕평정치기 '민국'의 성격, 셋째, 조선의 근대적 토지 소유 양상, 넷째, 아래로부터의 국민국가화 형성 맥락, 다섯째, 참정수단의 진전 등이 그것이다.

첫째, 과연 조선시대에 신분제적 국체의 균열 양상은 어떻게 나났는가? 조선에서 새로운 지배신분층으로 '양반(兩班)'이 출현한 것은 조선왕조의 건국 전후다. 이 양반들은 15세기까지 과거제도를 통해 중앙관인으로 직접 진출하거나 유향소(留鄕所)의 임원이 되어 정치에 참여하였다. 이러한 관직 중심의 양반 의식은 16~17세기에 서원(書院)이 발달하면서 중앙 또는 지방에서의 집단적인 영향력을 행사하게 되는 양반 사대부사회의 신분적 지위가 강화되면서 변화하였다. 각지 사족(土族)의 활동이 활발해지는 16세기에 양반사족의 범위가 구체적으로 정해진 바 있다. 1525년(중종 20) 조정회의에서는 양반사족의 범위를 생원(生員)·진사(進士), 내·외족의 4조(父·祖·曾祖·外祖) 안에 현관(顯官: 9품 이상의 양반 正職)이 있는 사람, 문무과 급제자 및 그 자손 등으로 정했다. 즉 과거시험에서 소과·대과에 합격한 자, 9품 이상의 정직(正職) 경력자의 4대 이내 후손 등을 양반 신분으로 간주하였다.[57] 이 기준에 의하면, 대·소과 과거합격자 외에는 현직 경력자의 자손도 4대를 넘으면 양반의 지위를 누릴 수 없었다. 과거에 합격하지 못한 양반 자손들은 벼슬하지 못한 '어린' 유생이라는 뜻으로 '유학(幼學)'으로 불렸다. 숙종 22년(1696)에는 양반의 서자로서 유학을 공부하는 사람을 '업유(業儒)'라 칭했으며, 손자나 증손 대에 와서 '유학'이라고 높여 불렀다. 이들 '업유'도 '유학'처럼 군역이 면제되었다. 유학과 업유가 군역에서 면제되고 양반 사족의 경계적 지위를 차지하게 된 것은 임진왜란 이후다. 임진왜란을 거치면서 의병 활동으로 국가에 많은 공을 세운 사족들에게 군역 의무를 면제시켜주는 조치가 취해졌다. 이후 유학은 양반 사족의 하한선이면서 동시에 양반으로 신분을 상승시키려는 자들이 가장 많이 칭하는 직역(職役)이 되었다. 이들은 서원을 중심으로 향론(鄕論)을 주도하여 향임(鄕任) 곧 유향소의 직임들을 통제하는 한편, 해당 지역 수령에게도 큰 영향력을 행사하였다. 또 학파를 중심으로 붕당을 이루어 공론을 형성하여 중앙정계에도 영향력을 미쳤다.[58]

이 전통적 정치·공론구조는 18세기에 들어와 큰 변동을 겪는다.

한편으로 사대부가 분열하고, 다른 한편으로 하층계급이 신분 상승을 시작했기 때문이다. 17세기에 양반층은 전체 가호의 10~20%를 차지했으나, 18세기에는 20~30%, 19세기에는 30~80%를 차지했다. 19세기 중반에 이르면 대부분 가호(家戶)의 호주들이 '유학'으로 불리는 상황이 되었다. 또한 18세기 이 준양반층('유학'으로 상승한 양민 또는 중인들)은 지방관의 권력을 제약하던 기존 지방사족의 향약적 '향권(鄕權)'과 갈등을 빚으면서 지방관의 지원을 받아 '신(新)향약'을 조직하여 지방사족에 대해 이른바 '향전(鄕戰)'을 벌였다. 전국적으로 벌어진 이 신향·구향 간의 '향전' 결과, 대세는 신향 쪽의 승리로 판가름이 났다. 19세기에 이르면 부역이 가호 중심에서 동리 중심의 공동납부제로 바뀌고, 이 일을 맡아 수행하는 면임(面任)·이임(里任)제도가 생겨났다. 지방수령들은 부역 액수를 높여 면임·이임들에게 거둬올 것을 강요하면서, 양민(良民)들 중 요호부민(饒戶富民)들에게 '유학'의 칭호를 무더기로 수여하며 면임·이임 임무를 강제했다. 이리하여 유학층이 대폭 확대되고, 전국적으로 하층민의 신분 상승이 벌어진 것이다.[59] 이러한 민의 신분 상승은 '양인' 뿐만 아니라 '노비'에 이르기까지 나타났고, 18세기 이후 조선의 근대화를 추동하는 구조적 요인으로 작용하였다고 할 수 있다.

둘째, 18세기 탕평군주기 '민국(民國)' 이념의 대두와 국체의 전환적 양상에서 나타나는 특성을 검토할 필요가 있다. '민국'의 어원적 용례를 보면, 처음에 '민국'은 '민'과 '국'이 병렬로 쓰였다. 효종 7년(1656) 사간원(司諫院)의 계(啓)에서 "민과 국은 서로 의지하고, 본래 두 몸이 아니다(民國相依 元非二體)."고 썼다.[60] 효종 7년에는 가령 "민과 국이 둘 다 편하고, 호포의 논(論)보다 오히려 더 낫고 나중에 해가 없을 따름이다(民國兩便 猶愈於戶布之論 後無害矣).”는 표현이 보인다.[61] ‘민’과 ‘국’이 결합된 ‘민국’ 개념은 탕평군주 시절에 사용 빈도가 급증한다. ‘민국’의 합성어적 사용이 80~90% 이상 압도적으로 쓰이게 된 시점은 영조 때다. 『승정원일기』에서 숙종 대는 총 12회 ‘민국’ 사용 중 8회(67%)를 합성어로, 나머지 4회(33%)를 병렬어로 사용한 반면, 영조 대는 총 464회 중 417회(90%)를 합성어로, 나머지 47회(10%)를 병렬어로 사용했다. 정조 대는 『일성록』 통계에서 총 172회 중 146회(85%)를 합성어로, 나머지 26회(15%)를 병렬어로 사용했다.[62]

합성어적 민국 사용의 빈도수 증가와 더불어 중요하게 보아야 할 것은 민국 개념의 변화를 추동한 배경이다. 이 배경에는 ‘백성’(民)과 ‘나라’(國)의 관계를 어떻게 설정할 것인가에 대한 중요한 함의가 내재되어 있다. 현종 대 과거 시험문제에 “백성과 나라 중 어느 쪽이 먼저인가”라는 흥미로운 문제가 출제된 바 있다. 국가 관료를 선발하는 시험에서 이러한 문제가 제시되었다는 것은 17세기부터 백성과 나라의 관계에 대한 진지한 고민이 국가의 전면에 등장했음을 의미하는 것이다. 숙종 대부터 변화의 조짐이 나타나기 시작하여 ‘민국’은 보다 적극적이고 지속적인 정치 개념으로 활용되었다. 영조는 탕평을 표방할 때 어김없이 민국을 명분으로 내세웠다. 영조 대에 민국이 국정 지표로 설정되면서 개별 사안마다 등장했다. 민국이 왕정의 최우선 과제로 각인된 것이다. “민국에 한마음을 바친다(一心民國).”, “민국에 한가지로 전념한다(一念民國).”, “한마음을 오직 민국에 둔다(一心惟在民國).”, “민국에 마음을 허락한다(心許民國).”, “민국에 몸을 허락한다(身許民國).” 등이 모두 이러한 예들이다.[63] 종속합성어로서 ‘민국’은 ‘백성은 나라의 근본’이라는 민유방본론에 따라 ‘백성에 속한 나라’, 즉 ‘백성의

민民의 나라, 조선

나라'를 뜻한다. 가령 정조는 1793년 한 교시문에서 "민국의 일(民國之事)은 감히 한가히 쉴 수가 없다."고[64] 토로하고, 또한 신하들도 "민국이 예비할 대책(民國預備之策)"으로는 상진곡(常賑穀)을 여러 도에 흩어두는 것을 "능가할 것이 없다."고 상주하는 식으로[65] '민국'을 자주 사용한다. 여기서 '민국의 일'이란 '백성의 할 일'이 아니라 임금이 할 '나랏일'을 의미하는 것이다. '민국예비지책'도 나라와 백성이 예비해야 할 대책이 아니라 오직 나라가 예비할 대책을 말하는 것이다.[66]

그동안 역사학계는 민국의 성격에 대해 다소 불분명한 입장을 취해 왔다. 민국의 강력한 주창자인 이태진 교수조차 『고종시대의 재조명』(2000)에서 민국의 실체를 '개명 전제군주제'로 규정[67]한 반면, 『새 한국사』(2012)에서는 '절대군주정'으로 규정[68]하는 등 민국의 성격에 대해 다소 모호한 입장을 보이고 있다. 반면, 황태연은 민국 정체를 '절대군주정'이 아니라고 단언한다. 오히려 절대주의에서 늘 거론되는 전제적 중앙집권제·관료제·상비군은 519년 조선의 통상적 요소였고, 봉건대귀족의 이익을 대변하는 보댕의 신봉건적 절대군주정이나, 봉건대귀족과 농촌젠트리층의 이익을 대변하는 홉스의 절충적 절대군주정은 사대부를 제치고 소민 보호를 내세운 탕평군주의 민국체제보다는 사대부와 왕의 나라였던 초기 조선국가와 더 유사하다는 것이다.[69] 내용적으로도 서양의 절대군주정이 봉건귀족과 농촌젠트리를 대변했다면, 조선의 민국체제는 '소민'을 대변했다는 점에서 차이가 있다. 황태연은 민국정체를 '계몽군주정'으로 평가하며, 그 근대화 양상이 실체적이었음을 강조한다. ① 민국체제는 양민의 군역을 경감하고 그 부족분을 사대부와 중인 이상의 세수확보로 채우는 균역법을 실시했다. ②『경국대전』을 헌법으로 삼아 소민의 새로운 권리·의무관계를 분명히 하기 위해 법전 편찬을 지속적으로 시행하여 법치주의를 확립했다. ③ 영조는 소민 보호를 위해 형정(刑政)을 획기적으로 개선하고 각종 형벌을 인간화하는 관벌(寬罰)·관형(寬刑)주의를 확립하고, 행형(行刑)의 내용과 절차를 근대화했다. ④ 정조는 소민 보호 이념의 실효를 꾀하기 위해 어사제도를 크게 쇄신·강화했다. 재위 24년 동안 정조는 규장각의 30대 전후 초계문신 중에서 어사를 선정하여 일반 어사 56회, 암행어사 57회 등, 총 113회의 어사를 파견했다. 약 연 5회에 달하는 이 횟수는 1년에 한 번도 어사를 보내지 않은 왕들과 비교할 때 획기적인 것이다.[70] ⑤ 백성들이 왕과 직접 소통할 수 있는 상언·격쟁제도를 활성화했다. 인조는 약 연 4.5회 출궁행차를 했던 반면, 숙종은 대략 연 6.6회, 경종은 9.6회, 영조는 17.5회, 정조는 25.3회였다. 정조는 24년간 607회 거동했다. 이것은 연평균으로 할 때, 인조의 약 5.4배였다.[71] ⑥ 영조와 정조는 윤리교육에서 양반과 소민의 구분을 폐하고 소민을 정신적으로 개발하기 위해 소민의 도덕교육에 각별한 노력을 기울였다. ⑦ 탕평군주들은 노비의 근대적 임금노동자로의 전환을 가속화시키기 위해 노비제도 혁파를 결정했다. ⑧ 영조는 양반과 교통을 허락하는 서얼허통(庶孼許通)과, 관직에 진출하는 서얼통청(庶孼通廳)을 확대하여 서얼의 국정참여 수위를 대폭 높였다.[72] 영조 48년(1772)에는 사대부들이 가장 영예로운 문반직으로 여겼던 대간(臺諫)에 서얼을 임명할 정도였다.

비교역사적 맥락에서 볼 때, 탕평시대에 이루어진 소민 보호의 이러한 '내재적 근대화' 성과는 정치권력을 중앙집중화하고 이 권력을 가지고 위기에 처한 봉건귀족 일반 또는 봉건대귀족과 젠트리(농촌

호족)의 이익을 철갑화하는 데 그쳤던 서양 절대군주정의 역사적 성과를 능가하는 것이다. 굳이 따져보자면, 조선의 탕평군주들은 '국민국가'로서의 '민국'이라는 새로운 국가 형태를 이루는 데 있어서도 18세기 후반에야 나타나는 이 서양 계몽군주들보다 시간적으로 앞섰을 뿐만 아니라, 이 '민국'의 형성 과정에서 이룬 성과에 있어서도 서양 계몽군주들의 성과를 능가했다. 그리고 그 의도에 있어서도 이들을 능가한다고 평가할 수 있다. 따라서 18세기 조선민국의 정체는 '계몽군주정'으로 규정될 수 있고, 탕평군주들은 이런 저런 봉건적 특권집단의 이익을 대변한 단순한 '절대군주'가 아니라, 명실상부하게 '계몽군주', 또는 '개명군주'로 불릴 수 있다. 나아가 탕평군주들은 서양의 계몽군주들처럼 봉건귀족까지 포괄하는 '국민' 일반을 막연하게 대변한 것이 아니라, 확실하게 '소민'을 대변했다. 한국 근대국가 건설의 시발점이 되는 원초적 '국민국가'로서의 민국체제는 이 점에서 서양의 계몽군주정을 능가하는 '진보적 계몽군주정'이라고 평가할 수 있다.[73] 이 '민국'은 훗날 대한민국의 국호 제정에까지 영향을 미치게 되는데, 그 뜻은 '공화국'이 아니라, 백성을 깔고 앉은 사대부들의 신분제적 '양반국가'를 뛰어넘는 '백성의 나라', 즉 신분적 질곡을 탈피하여 기본적 자유와 참정권을 얻어 점차 자유·평등해지는 도정에 있는 '백성의 나라'로서의 '국민화 국가(nationalizing state)' 또는 '시원적 국민국가(early nation state)'를 의미한다.[74]

셋째, 유럽의 봉건적 종주권의 중첩적 양상과 달리 조선의 각종 토지는 상당 부분 근대적 의미에 부합하는 배타적 토지 소유가 이루어지고 있었으며, 실질적인 거래 또한 마찬가지였다. 이미 봉건제적 신분제 요소가 토지거래에 직접적으로 영향을 미치지 못했을 뿐만 아니라 양민은 물론 노비까지 토지의 소유주가 되기도 했다. 조선 후기에 들어와서 조선의 토지 소유권은 근대와 거의 흡사할 정도의 배타성을 가졌을 뿐만 아니라 농민들의 토지매매가 일상화되었다. 조선 후기 대부분의 민란에서 지주제 철폐에 대한 요구가 등장하지 않았던 것은 이러한 상황을 고려하여 이해할 필요가 있다.[75] 주지하다시피 조선의 건국세력은 왕토사상에 입각하여 균전제를 시행하고 자영소농층을 확보함으로써 국역체제를 안정적으로 운용하고자 했다. 그러나 『조선왕조실록』에 따르면, 이미 1424년 세종 6년에 이르러 일반 민전의 매매를 허용하기에 이른다.

경기 감사가 계하기를, "무릇 전지(田地)를 방매(放賣)한 사람은 혹 부모의 상장(喪葬)이나, 혹 숙채(宿債)의 상환이나, 혹 집이 가난해서 살아갈 수 없으므로 인하여 모두 어찌할 수 없는 사정인데, 그 값을 모두 관에서 몰수하니 원통하고 억울함이 적지 아니합니다. 또 서울 안에서는 주택을 건축할 기지(基地)와 채전(菜田)은 방매를 허가하면서 유독 외방에 있는 전지(田地)의 매매는 금하는 것은 옳지 못한 일이니, 청컨대 매매를 금하지 말도록 할 것이며, 그 가운데에 국세도 청산하지 않고 관청 수속도 없이 처리된 것만 율에 의하여 시행하소서." 하니, 율문에 의하여 시행하라고 하고, 그 밖에 연한을 두고 방매한 전택(田宅)은 명문(明文)에 따라 결급(決給)하라고 명하였다.[76]

매매의 허용은 건국세력이 구상했던 토지개혁구상(왕토사상에 입각한 토지공유제 또는 왕유제를 구현하고 균전제를 실시함으로써 자영소농민층을 확보하고 이들을 생산의 기축으로 삼으려던 구상)을 포기한 것이다. 반면 처분권의 핵심인 매매, 양도가 가능해지면서 농민들의 토지소유권은 그만큼 성장하게 되었다. 이어 토지분급정책은 1466년(세조 12)의 '과전법' 폐지와 '직전법' 시행, 1566년(명종 11) '직전법' 폐지와 '관수관급'의 시행 등을 거치며 일변하였고, 관리들은 오직 '녹봉'만 지급받게 되었다. 이에 따라 과전이나 직전을 통해 전객, 곧 민전 소유 소농민들의 소유권 행사에 제약을 가했던 전주전객제는 소멸되었다. 이에 따라 일반 민전 소유주는 토지소유권을 사실상 자유롭게 행사할 수 있었다.[77]

토지의 매매허용과 국가에 의한 토지분급제의 해체에 따라 민전 소유주의 토지소유권은 크게 강화되었다. 이미 개간·경작되었으며, 매매 양도까지 이루어지고 있던 토지를 양안(量案)상 무주지(無主地)라는 이유로 궁방(宮房)에 절수(折受)하는 등 국가권력에 의한 소유권 침해가 없지 않았지만, 이미 조선 후기에는 토지소유권이 근대적 토지 소유와 매우 흡사할 정도로 일물일권(一物一權)적 배타성이 확립되어 있었다. 소유권 행사는 신분과 무관하게 법적 보호를 받았다. 『속대전』에는 자손이 있는 노비의 토지를 노비 소유주가 자기의 소유로 귀속시키는 것을 금지해 놓고 있어 노비의 소유권도 보장해주고자 하였다. 이는 토지 소유에 사실상 신분적 차별이 존재하지 않았음을 의미한다.[78] 조선 후기 법제의 정비가 『경국대전』과 『속대전』의 두 기둥을 인정하는 선에서 이루어진 것을 본다면, 속대전에 이러한 내용이 규정되어 있다는 것은 상당히 중요한 의미를 갖는 것이다.[79] 조선 후기 노비신분층의 토지 소유 사실을 알려주는 자료는 상당수 있다. 가령 「토지상납명문(土地上納明文)」이나 「토지매매명문(土地賣買明文)」, 자손이나 가족에게 나누어 줄 재산을 기록한 문서인 「분재기(分財記)」와 같은 고문서류를 비롯하여 「군현양안(郡縣量案)」에 이르기까지 다양하다. 물론 이러한 자료들이 노비 소유주인 양반들이 자기 대신 노비의 명의로 문서를 작성하고 양안에도 노비의 이름으로 등재하는 일이 흔히 있었기 때문에 이 자료를 그대로 다 신뢰하기는 어렵다. 하지만 실제 노비의 소유지였던 것을 알려주는 별도의 표시가 있었다는 사실은 당시 노비의 토지 소유의 실체성을 입증해주는 것이다. '기상전답(記上田畓)'이라는 것이 그 표기다. 기상(記上)이란 용어가 토지매매문기나 분재기에 주로 사용되는 것은 '전래전답(傳來田畓)', '매득전답(買得田畓)' 등의 용어와 함께 이 토지가 어떻게 하여 재주(財主)의 소유로 되었는지를 밝히기 위한 것이었다. 따라서 기상(記上)된 후 양전사업이 실시되어 양안상의 기주(起主)가 바뀐 후에도 소유권이 타 가문으로 넘어가지 않는 한 '기상전답'이란 용어가 계속 사용되었다.[80]

상술한 바와 같이 서구에서는 토지 소유와 관련하여 경제 외적인 관계, 즉 영주-농노간의 신분적 지배·예속관계가 강한 규정력을 가진 채 작동하고 있었다면, 조선의 경우는 이러한 신분적 지배·예속관계가 매개될 필요가 없었다. 18세기 이후 조선의 봉건적 지주제가 근세적 지주제로 전환되어, 지주작인의 경제 외적 강제가 사라지고 순수한 경제적 차지관계로 바뀐 것이다.[81] 조선 후기 토지 소유에는 서구의 '봉건적' 토지 소유가 보이는 중층성이 존재하지 않았으며, 자유로운 토지상품화는 농민층의 소유분화를 상당히 진전시키고 있었다.[82] 물론 조선 후기 노비의 재산소유권이 법제상으로는 일반양인과 같이 보장되어 있었으나 신분적 예속 상태에 따라 현실적으로 상당한 제약이 뒤따르기도 했다. 그러나 이러한 제약에도 불구하고 조선 후기에 토지를 소유하고 있던 노비가 증가하고 있었으며, 또한 일부이기는 하지만 소속관사나 주인으로부터의 경제적 예속 상태에서 벗어나 부를 축적한 노비가 나타나고 있었던 것을 주목할 필요가 있다.[83] 일본에서 토지 소유의 중층성이 해체되는 것이 메이지유신(1868) 이후였음을 감안해 본다면, 조선의 봉건적 신분제의 균열은 상당히 이른 시간대에 진행되고 있었다. 조선의 1862년『민장치부책(民狀置簿冊)』을 보면, 이미 전답의 매매, 세미(稅米), 상투(相鬪) 등에서 소유의 근대적 양상이 강하게 나타나고 있다.[84] 또한 동양 사회에서 소유권 의식이 약하고 현실적인 점유만을 존중하는, 그래서 소유권 의식이 현실상의 물건(物件)의 지배에 좌우되었다는 것이 기존 조선을 포함한 전근대 동양적 소유권에 대한 이해라고 할 수 있다. 그리고 둘로 나누어진 토지의 양 소유권의 목적물을 자유롭게 처분할 수 있는 권능이 없는 중국의 일전양주제(一田兩主制: 토지의 경작권과 소유권을 나누어 각각 다른 사람에게 주는 제도)가 동양의 토지소유권을 대표하는 것으로 인식되어 왔다. 그러나 조선시대의 토지소유권은 '일물일권'적인 것으로써 소유권과 점유권은 구분되었고, 토지매매, 상속의 권리는 오직 전주에게 있었다는 점이 지적될 필요가 있다.[85]

넷째, 조선의 민은 신분제의 변동과 향촌 권력구조의 변화를 바탕으로 아래로부터 중앙정치를 향하는 '상향식' 참정을 개시했다. 건국 초부터 유학의 통치이념인 '민유방본' 또는 '민본주의'를 기치로 내건 유교국가 조선에서 백성의 '국민화'는 소극적 '민본주의'만으로 기(旣) 확보된 '주권재민'과 '위민정치'로 달성될 수 없었다. 그것은 '민본주의'의 '적극적·능동적' 구현을 통해 신분제로부터 해방된 '백성에 의한 정치' 또는 '백성의 공무담임과 정치참여(참정)'에 의해서야 비로소 개시된다. 이것이 유교국가 중국과 조선에서의 '국민형성'이 유럽에서의 '국민형성'과 근본적으로 다른 점이다. 유럽에서의 '국민형성'은 그 말만으로도 왕권신수설을 날려버리는 '주권재민' 또는 '인민주권'의 선포에 의해 이미 개시되는 반면, 조선에서는 향촌 정치에서 시작되어 중앙정치로 올라가는 '백성의 참정'을 통해서야 비로소 개시되기 때문이다. 조선 초기 신분제적 권력관계를 보면, 세습화된 중앙사대부들이 중앙정치를 독점했을 뿐만 아니라, 지방 사대부들인 생원·진사·유학과 업유들이 향약을 기반으로 향권을 형성하여 고을의 지방정치를 주도했다. 중앙과 지방의 이 양반들은 '민본주의' 이념을 소극적으로 해석하여 백성의 공무집행과 참정을 배제하고 '어리석은 주인'인 '백성을 위해' 백성을 대리통치 했다. 이들은 17세기에 들어서 서원을 중심으로 여론활동을 활성화하여 점차 붕당을 이루고 중앙정계에서 상소제도를 통해 공론적 압박을 가하기 시작하였다. 이로 인해 17세기 조정은 관료들만이 아니라, 전국의 생원·진사·유학·업유 등 지방 사대부들의 공론을 수렴하여 공무행정을 집행하지 않을 수 없게 되었다. 18세기에 들어서자 유사한 변화가 양반 아래 위치한 중하층신분에서도 일어나기 시작했다. '천민의 양민화'와 '양민의 중인화', 그리고 '중인의 양반화'가 전반적으로 진행된 것이다. 18~19세기에 부역이 가호 중심에서 동리 중심의 공동납부제로 바뀌면서 이 준양반층은 더욱 확대될 계기를 얻었다. 이 준양반층은 신분 상승과 함께 새로운 주장을 제기했다. 바로 고을정치에 대한 참정을 요구한 것이다. 향촌사회의 권력구조는 이보다 더 아래로부터의 참정을 수용하는 방향으로 발전했다. 양민들은 이양법의 확산과 함께 필요해진 자발적 농경자치단체로서 '두레'를 조직하기 시작하여 다시 향촌사회의 지방자치 권력의 일각을 장악했다. 두레는 신향약공동체보다 지위가 낮았으나, 향촌에서 무시할 수 없는 사회적 권력체로 확립된 것이다.[86]

다섯째, 조선의 민은 유럽 대다수 국가들의 절대왕정체제보다 진보적인 참정수단을 활용했다. 상언(上言)·격쟁(擊錚)이란 국왕 동가(動駕)시 민인들이 원억(冤抑)을 국왕에게 직소(直訴)하는 민소(民訴)의 일종이다. 이 상언·격쟁은 조선시대에 발달한 독특한 소원제도(訴冤制度)로써, 18세기 후반 정조 대에 이르러 가장 활성화되었다.[87] 물론 "이 상소와 상언제도가 반드시 통치의 객체라는 인민의 위상을 바꾸는 데까지 나아갔던 것은 아니고…… 어디까지나 성리학적 질서로의 안전한 복귀를 지향했던 것이지 '자식으로서의 인민'의 이미지에 일대 변화를 낳는 근본적 전환은 아니었다."[88]는 냉소적 평가도 있지만, 조선정치사에서 이 참정수단의 발달 과정은 상당히 중요한 정치적 함의를 내포하는 것이라 할 수 있다.

조선시대의 소원제도는 이미 15세기 신문고 설치부터 시작되었다. 하지만 신문고는 정약용이 『경세유표』에서 "먼 지방 천한 백성들이야 그 북을 한 번 만져볼 길도 없는데, 하물며 감히 치는 것이겠는가?"라고 비판한 바와 같이 접근이 어려운 궁궐 안에 북이 설치되어 있었고, '부민고소금지법' 등과 같이 상당한 제약을 가진 제도였다. 그러나 이러한 제한은 단계적으로 완화되었다. 16세기부터는 점차 임금 행차 시에 문서로 올리는 '상언'과 임금 행차 시 궁궐 안팎에서 북이나 꽹과리를 쳐 구두로 올리는 '격쟁'이 정착되었다. 또한 '형벌로 죽음이 자신에게 미치는 일', '부자관계의 분간(分揀)', '정실 자손과 첩 자손의 분간', '양인과 천인의 분간'과 같은 격쟁에 관한 규정이 만들어졌다. 17세기 후반 숙종 대에 이르면 호소의 주체가 자신뿐 아니라 자손, 처, 동생, 노비에게까지 확대됨으로써 소원제도의 참정 기능이 점차 실효성을 갖추게 되었다. 18세기 전반 영조 대에는 군주의 백성 접촉이 활발해지면서 영조는 재위 52년간 107회 바깥 행차를 하였고, 신문고가 다시 설치되었지만 격쟁은 제한된 반면, 18세기 후반 정조 대에 이르면 임금 행차 시에 큰 길에서도 격쟁이 허용되고 백성의 걱정거리 모든 사항에 대한 상언과 격쟁이 허용되었다.[89]

18세기에 봉건제적 신분질서가 동요하면서 상언, 격쟁이 급격히 늘어나는 새로운 상황이 벌어졌다. 정조 재위 24년간 77회에 걸친 행차에서 접수된 상언과 격쟁이 무려 4,427건에 달한다.[90] 조선의 민은 이미 18세기에 이르러 격쟁과 상소 등 다양한 방법을 통해 정치에 참여하고 있었던 것이다. 국왕이 거둥을 하면서 백성들의 목소리를 직접 들어줌에 따라 백성들은 단순한 관람자나 방관자가 아니라 자신의 억울함을 개진하는 적극적인 참여자가 되었다. 국왕이 소통의 주체가 되어 백성들에게 직접 다가가는 국정운영 방식은 조선에서만 찾아볼 수 있는 독특한 것이다.[91] 18세기 초반에 시작된 일반 민서(民庶)에게까지 미치는 '탕평'의 정치는 '공론'의 주체와 영역을 사류뿐 아니라 중간계층 및 일반 서민에게까지 확산시키게 되었다. 이는 향촌사회의 사적 교육기관인 서당 교육이 계속 확대되어 가면서, 교육수준을 일반 '민서'에게까지 크게 향상시켜 놓은 바탕에서도 크게 연유하는 것이라고 보아야 할 것이다.[92]

한상권은 『조선후기 사회와 소원(訴冤)제도』에서 18세기 후반 정조 연간 기층민의 목소리를 담은 상언 3,092건, 격쟁 1,335건을 조선 후기 민중에 의한 민권의식의 대두라는 틀에서 상세히 분석하였다. 이 연구성과에 따르면, 조선의 18세기는 중세 봉건사회의 모순이 심화되고 근대사회를 예비하는 새로운 사회세력이 성장하는 전환적 시기다. 특히 18세기 후반에는 생산활동에 뿌리 내린 민인들의 저항운동이 본격적으로 일어났고, 정조 연간의 민인들은 특히 국왕에게 직소하는 방법을 저항운동의 효과적인 수단으로 생각하였다. 이미 18세기 민의 참정수준은 기층 노비에까지 이르고 있었다. 정조 연간 격쟁의 주체를 살펴보면, 양반이 29.5%, 양인층인 조이(召吏)가 20.6%, 양인이 14.5%, 동몽이 11.1%, 노비가 4.6%였다.[93] 이러한 '조선민국'의 이 참정 수준은 동시대 영국·네덜란드·스위스·미국 등 예외적인 서양 국가들에 비하면 뒤진 것이지만, 나머지 모든 유럽대륙 국가들의 절대왕정체제에 비하면 더 진보적이었다.[94]

이상의 내용으로 확인할 수 있는 사실은 조선의 18세기는 분명 봉건적 구질서와는 질적으로 구분되는 새로운 질서의 형성기였고, 그 균열은 때로는 구질서를 흡수하거나 갈등하고, 구축할 정도로 강한 파동을 형성했다는 점이다. 다시 말해 18세기는 조선의 '근대화'가 시작되는 '근대적' 전환기라고 할 수 있다.

제 2 장
공공성의 변동과 '민(民)'

1. 국가와 민의 상관성

　최근 '시민사회'나 '민주주의'와 같은 사회과학적 핵심 개념들에 대한 한국적 뿌리 찾기가 한창이다. 송호근의 『인민의 탄생』(2011), 『시민의 탄생』(2013), 최정운의 『한국인의 탄생』(2013) 등이 대표적이다. 그 필요성에 비추어 본다면 다소 뒤늦은 감이 있지만 역사학적 연구 성과들을 바탕으로 한국적 맥락의 기원과 형성을 고찰하는 사회과학적 접근이 활성화되는 것은 환영할 일이다. 다만 우려스러운 것은 사회과학적 이론을 바탕으로 조선정치사에 접근하는 최근 연구 성과들이 새로운 연구방법론을 모색하는 것이 아니라, 기존 조선정치사 연구의 단절적 접근의 한계를 답습하는 경향이 있다는 점이다. 그동안 대부분의 조선정치사 연구에서는 '국가'와 '민'의 연계적 분석에 크게 주목하지 않았다. 민을 중심으로 한 연구에서는 조선이라는 국가를 고정시켜 둔 채, 특정 시점(주로 19세기)에 민을 능동적 주체로 부각시키는 방식을 취해 왔다.

　한 국가의 '정체(政體, regime)'를 이해하기 위해서는 지배권력을 중심으로 한 위로부터의 성격 규정 뿐만 아니라 동시에 정치사회에 대한 사회경제적 구조의 영향과 더불어 피통치자들인 민과 지배권력의 상호관계를 다층적으로 분석할 필요가 있다. 이렇게 조선 정체를 파악할 경우 조선의 시기별 정체의 성격은 결코 획일적으로 규정될 수 없다. 따라서 이 정체와 조응하는 민의 영역 또한 다층적으로 분석될 필요가 있다. 정치적 주체의 맥락에서 본다면, 군주-사대부-민의 정치적 역관계 변화가 시기별 특징을 중심으로 검토되어야 할 뿐만 아니라 연속적 맥락에서 그 흐름이 검토되어야 한다는 말이다. 이러한 변화상에 주목하지 않을 경우 19세기 정치적 주체로 등장하는 민의 출현 배경은 상당히 단절적 맥락에서 재구성될 수 밖에 없게 된다.

송호근은 조선을 획일적인 '지배계급의 국가'로 고정시켜 둔다. "국가와 지배계급이 한 몸이었기에 국가의 붕괴와 함께 지배계급도 동시에 무너질 수밖에 없는 구조를 가진 나라가 조선이었다."[1] '민본의식' 역시 질적 변화를 겪지 않은 획일적 맥락으로 다루고 있다. "대개 임금은 국가에 의지하고, 국가는 민에 의지한다. '민은 국가의 근본이며 군주의 하늘'이란 믿음에 바탕을 둔 조선 초기의 민본의식은 조선 후기에 이르기까지 질적 변화를 거의 겪지 않은 채 지속되었다고 보는 편이 옳을 것이다."[2] 조선에 대한 이러한 획일적 이해(필자는 이를 조선에 대한 선입견이라고 본다)는 스타인버그(David I. Steinberg) 같은 서양학자들 대부분이 공유하는 것이다. 스타인버그는 조선 정치사 전반을 '통제된 유교 전제주의 국가'로 파악한다.[3] 조선시대에 정치적 자율성을 가진 '공민사회'의 존재 여부를 일찍부터 주장해 온 조혜인은 이러한 견해들을 '오해된 동양적 전제주의(oriental despotism)에 사로잡힌' 편견이라고 일갈한다.[4]

특이하게도 조선 정체에 대한 획일적 이해를 전제하는 논의들 중 상당수가 조선의 19세기 해석에 있어서 적극적이고 능동적인 정치적 주체로 '민'을 호출하고 있다. 조선의 정체를 '획일적 통제국가'로 파악하는 입장에서 19세기의 민은 어떻게 정치적 주체로 호출되는가? 송호근은 '이탈'과 '저항'이라는 독특한 방식을 통해 역사와 '인민'을 접속시키고자 한다. "조선의 역사는 군주-관료-재지사족으로 구성된 통치집단의 역사였다. 인민은 통치자들이 역사를 만들어 가는데 필요한 질료였다. 질료는 결코 행위자가 될 수 없었다. 그런데 인민이 역사와 접속한 것은 이탈과 저항이라는 독특한 방식을 통해서만 가능했다."[5] 여기서 인민의 이 이탈과 저항의 동력이 궁금해진다. '필요한 질료에 불과했던 민'이, '행위자가 될 수 없는 민'이 어떻게 이탈과 저항을 감행할 수 있었을까? 송호근은 "지배구조가 느슨해진 틈을 타서 통치구조로부터 (인민의-인용자) 이탈이 가능했고", "유교적 통치구조가 와해되고 균열된 시점에서 근대가 발아되기 시작"했다고 말한다. 송호근의 이 견해는 민의 이탈과 저항의 계기를 능동적·주체적 차원이 아니라 소극적·구조적 차원에서 구하는 방식을 취한다.

역사학자인 오수창 교수도 상당히 유사한 견해를 제시하고 있다. 오수창은 "민국 개념으로 대표되는 영조 대의 정치사상이 조선 초기 이래의 민본주의의 범위를 벗어난 새로운 것이었는지 확신할 수 없다."[6]고 말한다. 앞선 논의에서 조선 근대화의 전환적 계기로 파악한 '민국'이념 조차 별반 새로울 것이 없다는 것이다. 이러한 조선 정체의 획일적 이해를 바탕으로 그는 19세기 세도정치기를 조선의 "정치구조와 운영 등의 모든 면에서 붕당정치-환국-탕평정치로 이어지는 계기사적 귀결"[7]로 파악한다. 반면, 19세기 민을 역사의 주체로 호출한 송호근과 마찬가지로 오수창도 조선시대사 분석에서 민의 중요성을 강조한다. "이제 정치사 탐구의 주된 과제는 국왕이든 붕당이든 그 논리가 좌초된 지배층 중심 또는 세도정치 중심의 설명에서 벗어나 민(民)

일반의 정치적 인식과 동향에 대한 접근이 되어야 하는 시대가 된 것이다."[8] 다만, 송호근과 달리 오수창은 조선시대사의 각 세기별 특징을 주체의 변천에 따라 파악하려고 시도한다는 점에서 다소 차이가 있다. "조선 후기의 정치사상은 핵심 주체의 변천에 따라 변화되어 왔다. 17세기에는 관인을 중심으로 한 사족들이 붕당으로 결집해 정치적 경쟁을 벌이던 붕당정치가 그 시기 정치의 특징이었으며, 19세기에는 민 일반이 국가권력과 직접 대면하는 상황이 그 시기 정치의 핵심을 이루고 있었다."[9]

그러나 이 두 견해 모두 민의 이탈과 저항이 어떠한 계기와 동력으로 설명될 수 있는지, 19세기에 들어 민이 어떻게 정치의 핵심을 이루게 되는지 애매한 설명으로 일관하고 있다. 우연적이고, 단절적이라는 느낌을 지우기 어렵다. 송호근도 지적하고 있듯이 "동학농민전쟁은 참여한 농민들이 분명 착취기제로 변한 유교적 통치체계에 근본적 변혁을 요구하였다는 점에서 근대를 재촉한 일대 사건"[10]이었다. 그렇다면, 조선의 정체와 민은 긴밀한 상호작용 속에 들어 있었다고 보아야 할 것이다. 유교적 통치구조가 제 기능을 하지 못하게 된 원인을 자연스러운 시간적 소요에 따른 구조 변화만으로 설명하는 것은 민의 능동적·주체적 역할을 의도적으로 분석 범주에서 제외하는 것이다. 기존의 성리학적 통치구조가 민의 삶과 사회구조적 변화를 포용할 수 없게 되면서, 즉 민의 인내가 도달할 수 있는 임계점에서 민은 자신들의 지향과 방법으로 근본적 변화를 촉구했고, 통치질서의 변화를 재촉했다. 이 경험들이 점차 새로운 시대를 만들어 가는 동력으로 작용했을 것이다.

『한국인의 탄생』은 아예 시대적 단절을 위해 홉스의 '자연상태'를 빌어 1900년대 초반 신소설의 시대를 설명한다. 최정운은 왕조 말기의 조선사회를 '파멸적 상태에 놓인 사회', 즉 '지옥'으로, 대한제국 시기를 사실상의 '국가부재 상태'로 규정한다. 앞선 조선의 정체는 이러한 파멸에 이르기까지 획일적 통제 국가의 상으로 고정되어 있다. 다른 한편, 최정운 역시 민을 강조하는데, 그 민은 자연상태의 1900년대 초반, 강한 조선인이 되기 위해 분투하는 것으로 그려진다. 최정운은 이 시기를 현재의 한국인이 만들어지는 분투적 시기로 파악해야 한다고 강조한다.[11] 그렇다면, 이 파멸적 상태의 지옥으로부터 만들어지는 '강함'의 실체는 무엇일까? 파멸적 상태를 초래한 것으로 단정되고 있는 조선의 역사는 『한국인의 탄생』에서 이미 논리필연적으로 부정되고 있다. 정작 '한국인의 탄생'을 표제어로 택한 이 책은 519년 조선 정치사와 한국인의 탄생 사이에 큰 단절의 간극을 만들어 놓았다. 이러한 부정과 단절을 통해 만인의 투쟁 상태로부터 만들어진 '강한' 인간상이 한국민의 뿌리를 설명하는 토대라고 선뜻 동의하기 어렵다.

조선 후기 '민'의 정치적 역할 확대는 신분제적 '양반의 나라'로부터 '백성의 나라'로의 국체적 전환과 더불어 시기별 조선 정체의 변화 속에서 연속적으로 파악될 필요가 있다. 근대화의 여정을 시작한 조선 후기의 '민'은 분명 조선시대의 정치적 배경과 사건사, 그리고 일상사 속에 이미 배태되어 있었을 뿐만 아니라 사회경제적 구조 변화 과정을 거치며 성장해 왔기 때문이다. 그리고 민의 영역은 "지배이념이나 체제로부터 자유로울 수 없었지만, 다른 한편 지배엘리트와는 구분되는 독자적인 문화영역이나 의식세계를 가지고 있었다"는 점 또한 간과하지 말아야 한다.[12] 국가와 민의 상관성을 견지하며, 조선정치사의 시대별 특징과 연속성을 고찰하기 위한 개념틀로 '공공성(公共性)'은 상당히 유용하게 활용될 수 있다. 첫째, 공공성은 국가와 민의 상관성을 전제로 성립하는 개념이기 때문에 국가와 민의 동학(dynamics)을 매개하기에 적절한 개념이다. 둘째, 공공성 개념이 서구에서 많이 활용되기는 했지만 그 개념의 핵심은 동아시아적 차원에서 보다 풍부히 논구될 수 있고, 동아시아적 정치관과 조응 가능하다. 공공성의 분석틀로 조선정치사를 분석하는 것은 '서구 중심성' 또는 '근대지향성'의 한계를 벗어나 동아시아적 정치관을 충분히 활용하며 조선정치담론의 핵이라 할 수 있는 '민본론'을 중심으로 '민(民)'을 분석의 중심축에 놓을 수 있게 된다.

이 공공성 개념이 조선정치사 분석에서 그리 생경한 것은 아니다. 조선정치사와 관련한 기존 연구들을 검토해보면, 그동안 '공(公)' 개념, '공론(公論)', '공익(公益)', '공사(公私)' 개념 등과 같이 공공성의 핵심 개념들이 활용되어 왔다.[13] 또한 조선의 건국은 권력의 공공성 천명으로 시작되었다고 해도 과언이 아니다. 주지하다시피 조선 건국의 주도세력은 고려 말기의 정치를 '사견(사욕)에 의한 정치'로 규정하고, 조선 건국의 정당성을 권력의 공공성에서 찾았다. 이 공공성 개념은 공(公)을 공유한다는 전제 하에, '공사 비교', '은폐, 폐쇄와 대비되는 공개성', '부분에 대립되는 전체성, 전원성', '편파성에 대립되는 공평성', '언어적 측면의 공론'적 차원, '공공의식' 등과 같은 다의적 함의로 파생된다.

서구도 마찬가지겠지만 고려 말기와 같은 '타락한 세습군주정'의 경우 천하의 공이 세도가에 의해 사유되는 공공성의 전도현상으로 이해할 수 있다. 이러한 경향은 19세기 세도정치기와 같은 조선의 타락한 세습군주정의 경우도 마찬가지다. 고려 말 국가공공성의 파괴상태로부터 조선의 건국은 국가공공성을 새로운 형태로 회복하는 일대 사건이었다. 즉 조선의 건국은 국가공공성의 파괴 상태로부터 군주와 사대부가 공을 공유·공용하는 귀족제적 형태로 국가공공성을 회복한 일대 전환점이었다. 이 단계에서 민은 공공성의 실체적 대상이 아닌 통치대상에 불과했다. 서구 역사를 보아도 '왕과 귀족들의 국가'가 갖는 귀족정의 불완전한 국가공공성은 점차 군주와 민의 관계로 전환해 간다. 이것이 세계사적 전환기인 18세기 근대화 과정이며, 조선도 예외가 아니었다.

상술했듯이 18세기 '민국' 이념은 군주와 사대부 관계가 군주와 백성을 중심으로 전환되고, 새로운 정치적 공공성이 공유·창출되는 전환기를 상징한다. 민이 정치적 공공성의 담지자로 등장하는 것은 (백성을 상징하는 군주가 존재할 수도 있고 없을 수도 있다.) 국민국가 형성의 맹아적 단계로 진입한 것을 의미한다. 군주와 귀족정의 결합이 더 이상 국가공공성을 창출할 수 없는 단계에 이르렀을 때, ─ 즉 조선의 17세기 붕당정치의 폐해가 심해진 상황이 이에 해당할 것이다 ─ '국가공공성의 위기'를 돌파해야 하는 정치적 전환이 벌어진다. 조선은 이 위기를 극복하기 위해 지금까지 정치와 분배의 과정에서 배제된 영역을 수혜대상으로 끌어안고 국정에 참여시킴으로써 정치구조를 혁신하고, 국가공공성을 재창출하는 방향으로 나아갔다. 실제 역사 속에서 국가공공성은 이러한 국가 형태의 변동을 통해 변화·발전해 왔다.[14]

이러한 문제의식을 바탕으로 다음과 같은 윤곽을 그려 볼 수 있다. 조선 초기가 민본주의를 정치적 정당성을 위한 도구적 담론으로 활용하면서 '군주와 사대부'가 조선의 공공성을 공유·공용하던 시기였다면, 중기를 거치며 기왕의 공공성을 담보하던 군주와 사대부 관계에 균열이 발생하고 국가공공성의 위기가 도래했다. 이는 곧 기존의 정치적 레토릭으로 활용하던 민본주의를 실체화하지 않으면 안 될 정도의 중대한 변화를 반영하는 것이었다. 탕평군주에 의해 주창된 '민국' 이념에서 '민본주의'는 이전의 수사적 도구로 활용된 '민본주의'와 질적으로 다른 실체를 갖는 것이었다. 물론 여기서 간과하지 말아야 할 것은 우연한 성군의 등장으로 '민국'이 제창된 것이 아니라 이 시기 민은 이미 정치적 공공성 창출의 주체로 인정하지 않으면 안 될 만큼 성장해 있었다는 점이다. 이러한 민의 성장을 반영한 상호조응의 결과가 '민국'이라는 정치 이념으로 등장했다. 이러한 맥락에서 민국 출현에 대한 이태진의 해석을 주목할 필요가 있다.

민국이념은 군주 측만의 발상이라기보다 서민대중 사회의 성장을 군주 측에서 수용한 것으로, 그 때문에 큰 위력이 기대된다. 19세기에는 동학에서 보듯이 이미 서민대중이 곧 우리가 유교윤리의 주체가 되어야 한다고 소리를 높이고 있다. 군주도 소수의 사대부 양반보다 서민대중의 지지를 얻어야 왕실이 보전될 수 있다는 것을 알고 있었다. 이것이 군주들로 하여금 민국이념을 선양하는 데 직접 나서게 했던 것이다.[15]

민국이념의 등장을 탕평군주의 치적으로 보는 것이 아니라 서민대중 사회의 성장을 군주 측에서 수용한 것이고, 그 때문에 큰 위력이 기대된다는 것은 민의 실체적 등장을 염두에 둔 평가라고 할 수 있다. '민'이 '민국'의 정치적 공공성을 떠받치는 '실체적' 한 축으로 부상하기 시작한 것이다. 황태연은 여기서 한 발 더 나아가 "민국정체를 소민의 신분 상승과 신분 해방이라는 사회적 변화를 수용한 탕평군주들의 자기 성찰적 측은지심과 시혜적 선의(善意)에서 나온 것으로만 볼 것이 아니라, 세습군주정을 부정하는 혁명적 '근대정치사상' 및 왕조 교체를 지향하는 민중적 개벽사상의 도전에 대항하여 역동적으로 왕조를 지키려는 예방혁명적 국가혁신체제로도 간주해야 한다."고 말한다. 예방적 혁신이란 급진적 민중혁명을 예방하기 위한 왕정 측의 민본주의적 자기 변혁을 뜻하는 것이다. 즉 "민국정체는 단지 '수용'과 '시혜'의 측면만이 아니라, '대항적·반격적' 자체 혁신의 측면도 있다는 말이다."[16] 군주-사대부의 낡은 패러다임으로는 이미 한계에 도달했기 때문에 이 예방적 혁신을 단행하지 않으면 안 되었다는 것이다.

19세기 세도정치기에 접어들면서 국가공공성을 지탱하던 군주와 민의 관계에 균열이 발생하는데, 이는 '결사체의 확대', '공론기제의 다변화', '신분 상승' 등으로 더욱 성장해가는 민과는 반대로 군주가 점차 국가공공성의 또 다른 한 축을 담당하지 못하는 단계에서 비롯된 것이다. 군주의 영향력을 사적으로 대체한 세도가문의 '반동정체'가 개시되면서 '민'은 18세기 민국정체에서보다 훨씬 더 '적극적'이고 '능동적'인 공공성의 담지자로 조선정치사의 전면에 부상한다. 19세기 후반 '동학농민전쟁'에서 주창된 '척왜양(斥倭洋)', '보국안민(輔國安民)'의 기치는 '반동정체'가 국가공공성을 담보하지 못하는 국가공공성의 비상적 위기 상황에서 기왕의 '민본', '민국' 사상을 재전유하여 조선의 국가공공성을 바로 세우기 위한 민의 능동적이고 적극적인 공공성 창출 노력으로 이해할 수 있다.

2. 분석틀로써 공공성 개념

1) '공' 개념과 관련한 기존 연구의 검토

먼저 조선정치사 연구에서 '공' 개념을 활용한 연구를 살펴보면 다음과 같다. 첫째, '공적-사적' 영역, '공익-사익'의 구분 등을 제시하며 주로 제도적 측면과 통치층, 또는 특정 군주 시대를 다룬 연구들이 있다. 이 논의들은 주로 군주와 사대부를 중심으로 통치권력 행사의 성격이 공적이냐, 사적이냐 여부를 대립시키는 방식으로 공적 특성을 설명한다. 조선에서 군신 간의 관계 정립을 둘러싼 '공'의 각축은 조선 건국시기부터 쟁점이었다. 특히 이 논의들은 '제가(齊家)' 또는 '가(家)'와 결부하여 공공성 문제를 다루고 있는데, 유교적 공공성을 표방한 조선시대의 정치에서 이 문제는 "군신 간의 치열한 긴장관계를 초래하는 원인"이기도 하였다.[17] 이 단계는 앞서 살펴본 군주-사대부 사이에서 '공'을 둘러싼 각축이 중심이다. 세종시대, 인륜을 기초로 한 '가(家)'의 논리로 효령대군을 처벌하지 않았던 사건이 대표적이다. 군주와 사대부 사이에서 긴장이 형성된 배경은 비록 군주라 하더라도 '가(家)'의 논리가 국가적 공공성과 구별되는 사적, 인륜적 차원으로 해석되는 경향이 강했기 때문이다. 사대부들과 국가공공성을 공유·공용하는 단계에서는 이 가(家)의 논리가 국가의 공적 질서와 충돌하는 경우에 국가적 공공성의 저해 요인으로 다루어졌다.[18] 이와 같이 공사의 대비를 통해 공공성에 주목하는 연구[19]는 조선 통치층의 사유 양식과 공론의 성격을 분석하는 데 유용하다.

둘째, 조선의 대표적 사상가의 논지를 바탕으로 한 공공성 관련 연구를 들 수 있다. 조선의 공공성 논의와 관련하여 자주 거론되는 학자들은 '퇴계', '율곡', '혜강' 등이다. 김병욱은 퇴계 이황의 '자체(自體)' 개념을 공개념과 관련지어 검토하였는데, '자체'는 공개념을 통해서 '타체'와 하나가 될 수 있으며, '자체'의 내적인 변화 과정을 주재하는 것이 공개념이라고 밝히고 있다.[20] 율곡 이이의 '군자관' 및 '백성관'을 공공성 개념과 연계하여 다루기도 하였다. 오문환은 율곡이 제시한 군자의 상을 정치적으로 사적 이익을 떠나 보편적 공공성(至公)을 구현하는 인격체로 해석하고 실제 정치 현실에서 이 군자의 상이 한계에 직면하는 것에 대한 대안으로 율곡이 백성을 중시하여 정치권력을 도덕화하는 측면에 주목한 바 있다.[21] 혜강 최한기에 대한 연구는 '기(氣)학'에 제시된 최한기의 공공성 개념을 주로 다룬다. 김봉진은 혜강이 공 또는 공공성을 '운화기에 승순함', 즉 사람들이 하늘의 운화하는 기(氣)의 리(理)를 받들어 따름으로써 개개인의 기를 서로 살려 나가면서 함께 협동하여 공공성을 산출하는 것으로 해석한다.[22] 구자익은 경제적인 문제를 '사회적인 것'으로 제기하고, 개인의 해방이 사회참여와 공공성을 요구한다는 최한기의 논의에 주목하여 공공성 개념을 층위적 차원에서 검토하기도 하였다.[23] 이와 같이 조선시대 정치사상가들에게서 나타나는 공공성 관련 논의들은 당시 시대정신을 반영하는 중요한 저술들로써 그 시대적 배경과 함께 검토할 경우 조선의 국가공공성을 이해하는 데 중요한 자양분을 제공해준다.

셋째, 민의 사회적 저항(또는 운동), 공론장 등을 중심으로 공공성을 다룬 연구들이 있다. 조선시대 '민란'에 관한 연구를 포함하여 주로 '민'에 초점을 맞춘 연구들이 대부분 이에 속한다. 특히 동학 연구 중 동학의 인간상에 대한 해석, 조직적 측면에서 공동체 '접'과 사회참여 통로인 '포'에 관한 연구, 새로운 '관민공치'의 실험적 경험이었던 '집강소', 동학사상의 근대성에 대한 고찰, 동학농민전쟁의 주요 담론 분석 등 최근 들어 다양한 측면으로 논의가 확대되고 있다.[24] 19세기에 들어 민중운동이 빈발하고 동학농민전쟁으로 진전되어 가는 과정에서 아래로부터 형성된 '민중공론'이 '향중공론'은 물론 사림공론과도 대립·경합해 나가는 과정을 분석하고, 그것이 조선의 정치문화나 "공론정치"에 어떠한 변화를 만들어가는가 등에 관한 연구들도 공공성 개념과 상당히 밀접한 연관을 갖는 연구들이다.[25]

2) '공공성'의 개념화

지난 2007년 학술지 『시민과 세계』가 한국의 정치사회적 좌표를 공공성 담론에 잇대어 대거 5편의 논문으로 '주제기획'을 했다. 이 기획의 첫 번째 의도는 공공성이라는 화두를 끄집어내서 대한민국 헌법 제1조가 규정하고 있는 '민주공화국'이라는 실종된 국체의 의미를 다시 묻겠다는 것이다. "회갑 60년을 맞은 이 나라는 여기에 사는 사람들에게 무엇인가, 우리를 이 땅에서 더불어 살게 하는 자로 묶어 주는 공유가치는 무엇인가" 묻고 싶다는 것이다. 둘째로는 공공성 담론이 저항적 진보담론에서 구성적 진보담론으로 새롭게 재구성될 필요가 있다는 취지였다. 이병천·홍윤기 두 교수는 권두언에서 "공공(公共)이라는 말이 복지라는 말보다 더 국민 대중에게 낯설뿐더러 호소력과 공감대가 약한 것이 엄연한 현실"인데 여러 이유가 있겠지만 가장 중요한 이유가 "공적 권력의 타락" 때문이라고 진단한다. 그 이유는 "공권력, 공기관들이 저지른 비리, 불의와 폭력의 역사, 따라서 그에 대한 아주 뿌리 깊은 불신 때문"이다. 따라서 공적인 것이 곧 "국가독점적인 것, 관주도적인 것이라는 생각 또한 아주 뿌리 깊다."[26]

이 논의는 공공성 개념과 관련하여 중요한 두 가지 의미를 드러내주고 있다. 첫째, 대한민국의 국민으로서 공유·공용하고 있는 가치는 무엇인가? 하는 것이고, 둘째, 공공성 개념이 뒤틀리고, 전도된 책임소재를 따지는 것이다. 그 책임의 주체는 공권력을 통해 국가독점, 관주도적인 것을 공공의 것으로 윽박질러 온 지배권력이다. 21세기 대한민국의 정치사회적 좌표를 모색하고자 제출된 이 공공성 개념을 둘러싼 논의들이 조선시대 정치사 분석에 유용한 시사점을 제공해준다. 물론 군주-사대부의 국가공공성 창출 패러다임이 한계에 봉착한 상황에서 논의를 출발하는 조선시대의 국가공공성 범주보다는 최소한 몇 단계 진척된 논의이기는 하다. 그 간극에는 군주-사대부가 국가공공성을 공유·공용하던 단계를 넘어 군주-백성이 국가의 공공성을 창출하기 시작한 18세기, 국가공공성 창출의 한 축인 제도영역이 파탄상황에 이르자 비제도적 영역에서 — 주로 조선의 민이 — 국가공공성 창출의 짐을 짊어져야 했던 19세기, 그리고 국민이 국가공공성의 주체로 올라선 '민주화'된 정치질서들이 차곡차곡 자리하고 있다. 그렇다고 오늘날 논의되는 공공성 개념과 조선시대를 분석하는 공공성 개념이 시대적 차이로 호환불가능한 것은 아니다. 시대적 간극을 관통하는 공공성의 핵심은 '만인의 인정이라는 공감대'에서 찾을 수 있다.

상대적으로, '공공성'은 서구적 개념이라는 인식이 강하다.[27] 그만큼 서구학계에서 근대를 전후한 이론화 과정에서 공공성이 다양한 개념으로 파생되고, 활용되어 왔기 때문일 것이다. 그러나 '공공성'이 우리에게 본래부터 없었던 생경한 개념은 아니다. 근대를 거치며 서구 이론들을 무차별적으로 수용하는 과정에서 공공성 개념이 서구 개념으로 알려졌고, 상대적으로 동양에서 공공성 개념의 쓰임새가 적었던 것이 이유라면 이유일 것이다. 먼저, 우리에게 익숙한 서구적 함의의 공공성 개념을 살펴보자. '공공성'의 영어식 표현은 사적인 것과 구분되는 'publicness'나 'publicity'로 'public'의 의미를 가지고 있다. 'public'은 '공공', '공중', '국가 또는 사회', '공개', '공립', '대중'의 의미까지 광범위하게 함축하는 개념이다. 서구 학계에서 이 공공성 개념을 활용한 아렌트나 하버마스의 연구가 주목을 받은 후 공공성의 의미로 'öffentlichkeit'가 많이 쓰인다. 사전적 정의에 따르면, öfentlichkeit는 '사람들', '국민', '공중'을 의미한다.[28] 'öffentlichkeit'는 아렌트와 하버마스의 제기 이래 그 의미도 '공개성', '여론', '공론' 등의 의미로 변화하여 정착했다. 하버마스의 'öffentlichkeit'는 영어로 '공공영역(public sphere)'으로 번역되거나 때로는 '공공성(publicness)'으로 번역되어 왔다. 일본에서는 'öffentlichkeit'를 '공공성(公共性)'으로 옮긴다. 하버마스는 'öffentlichkeit'를 국가와 사적 영역으로서의 사회 사이에서 양자를 매개하는 공공영역으로 정의하고, 주로 '공론장'의 함의로 사용하지만 때때로 '공공성' 혹은 '여론'의 의미로 쓰기도 한다.[29]

이러한 서구적 공공성의 의미 요소들은 동아시아의 내생적 개념들과 제대로 조응할 수 있다. 우리의 내생적 개념으로 풀어보아도 공공성 개념의 어원적 의미는 'publicness'나 'publicity', 'öffentlichkeit'와 크게 다르지 않고, 오히려 서구적 개념보다 훨씬 풍부한 의미를 담고 있다. 동양적 함의에서 공공성은 백성과 임금과 관리가 '천하'라는 공을 함께 공유(共有)·공용(共用)했다는 의미로까지 확장된다. 대동시대에 "대도가 행해질 적에 천하는 공(公)이었고, (이 공을 운영할) 현인과 능력자를 선출해 썼다(大道之行也 天下爲公 選賢與能)."[30] 여기서 이 '공'을 운영할 "현인과 능력자를 선출해 썼다"는 것은, 천하에 군림하는 '현명한 임금'은 세습제가 아니라 민심에 기초한 '선양제(禪讓制)'를 통해[31] 천여(天與)·민선(民選)했다는 것과, 이 임금을 보필하여 실무적으로 치국을 담당하는 유능한 관리들을 공정한 절차로 선발해 썼다는 것을 아울러 뜻한다. 이 구절은 천하라는 '공'을 ① '백성', ② '현명한 임금', ③ '유능한 관리' 이 3자가 같이 공유·공용했다는 것을 뜻한다.[32] 이러한 공공성 개념은 서구 정치사상보다 풍요로운 동양적 공공성 개념의 특징을 보여준다.

　공공성 개념의 어원적 의미를 우리 내생적 개념들을 활용하여 보다 구체적으로 분석해 보자. '公(공변될 공)'은 '사(私)가 없이 공평하다', '드러내다', '숨기지 않고 나타내다', '공적(公的)'이거나 '여러 사람에게 관계되는 일' 등을 뜻한다. 이러한 의미는 '관무(官務)', '관청', '마을', '임금', '천자', '제후'까지 확대된다. 반면, '공(共)'은 '함께', '모두', '규칙', '법도' 등의 의미를 갖는다. 이렇듯 다양하게 확장될 수 있는 '공(公)'과 '공(共)'을 결합한 '공공성' 개념은 정의에 따라 다양한 의미를 함축한다. 이 '공(公)'과 '공(共)'이 합쳐진 공공성의 사전적 의미는 "사회 일반의 여러 사람 또는 여러 단체에 두루 관련되거나 영향을 미치는 성질"을 말한다. 이러한 다양한 의미 가운데서 '공공성' 개념의 요체를 추출해 보면, '중요 결정이 사회를 대상으로 공개되고, 공유되고, 인정되는 성질'이라는 점, 즉 '만인의 공유·인정'에서 찾을 수 있다.

『조선왕조실록』을 보면, 이미 태종조부터 '공공'이란 용어가 쓰였다. 실록에서 '공공'은 '공(公)'을 '공유(共有)·공용(共用)'하고, '공지(共知)·공론(共論)'하는 의미로 썼다. 조선 초기에 쓰인 '공공'의 표현이 주로 법의 공공성을 언급하는 용례가 많았다면, 중기 이후부터는 '만인의', '온 나라'의 의미로 사용되는 경우가 많았다. 가령 태종조에 대간(臺諫)이 상언한 내용 중에 "법(法)이란 것은 천하(天下)의 공공(公共)한 것이므로, 한 사람이 사사(私私)로 할 수 있는 것이 아니며(法者, 天下之所共, 非一人之所得私)."와 같은 '공공'의 사용례가 확인된다. 태종 16년(1416) 권완·유사눌의 죄를 청하면서 대사헌 김여지가 "법이란 것은 공공(公共)의 그릇이니, 전하께서 사사로이 할 수 있는 것이 아니(法者, 公共之器, 非殿下所得而私也)."라고 상소하고 있다. 세종조에 대사헌 이지강(李之剛)도 "법이란 천하고금이 공을 공유·공용하는 방도이지, 전하가 사유·사용하는 것이 아닙니다(法者 天下古今所公共, 非殿下得而私也)."라고 상소한다. 여기서 '공공'은 명확히 군주 개인이 사적으로 좌지우지 할 수 있는 범주와 구분되는 것을 뜻한다.

선조조 36년 간관이 이준의 종들의 잘못을 아뢰며 "당초에 신들이 논계할 말은 실로 공공(公共)의 분개에서 나온 것인데(當初臣等之論, 實出公共之憤)"라고 '공공의 분개'를 언급하는 대목은 '만인의' 지탄이라는 의미로서의 '공공'이다. 영조 1년 좌의정(左議政) 민진원(閔鎭遠)은 "신 등이 온 나라 공공(公共)의 의논으로써 빈청(賓廳)에 모여 진계(陳啓)하였는데도 윤허를 받지 못하고 있습니다(臣等以一國公共之論, 會賓廳陳啓, 而未蒙兪音)."라고 아뢰었다. 영조 16년에 탕평을 굳게 할 것을 청하는 부사직 오광운의 상소도 '공공'을 이런 의미로 쓰고 있다. "제(齊)나라에서 공리(功利)를 숭상하자 주공(周公)이 오히려 후세에 반드시 찬탈하는 신하가 있을 것이라고 했는데, 더구나 역(逆)이라는 글자로 당론(黨論)을 희롱하는 도구로 삼고 있는 것이겠습니까? 대저 시비(是非)는 불변의 도리를 지니고 있는 천성에 있는 것이므로 본디 옮기거나 바꾸어지는 물건이 아닌 것이고, 또 조정에서 정할 수 있는 것이 아닙니다. 그러므로 정인(正人)·군자(君子)는 시비(是非)라는 두 글자를 내어 놓아 천지 사이에 그대로 있게 한 다음 공공(公共)의 의논에 맡기는 것입니다. 따라서 조정에서 취하여 결정을 내릴 필요가 없는 것입니다. 그것을 조정에서 취하여 결정하려 하는 자는 모두 득실(得失)에 대해 승부를 다투는 사람들인 것입니다." 영조 23년(1747) 지평 신회가 상소하여 언관을 격려 진작하고 유건기에게 견책할 것을 청하는 내용이다. "합사(合辭)는 온 나라의 공공(公共)의 논의입니다(合辭是一國公共之論). 이미 멈추었다가 다시 발론하여 해가 지나가도록 그치지 않는 것은 실로 엄히 징토(懲討)하는 의(義)가 됩니다." 영조 47년에는 정언 안정대가 한필수 등에 대해 상소하면서 "안정대의 소장은 당론(黨論)에 말미암은 것이 아니고, 온 나라의 공공(公共)의 논의를 채집한 것이었다(實採一國公共之論)."고 아뢰고 있다. 이처럼 '공공' 개념은 점차 조선 후기에 이를수록 조정이나 당론으로 어찌할 수 없는 '만인의' 인정, '만인의' 지탄, '온 나라' 등의 의미로 쓰였다.

공공성은 국가와 관련된 '공적', '제도적' 속성으로 자주 활용되기도 한다. 공공성을 이러한 의미로 사용하기 위해서는 지금까지 『실록』에서 확인한 바와 같이 '만인(백성 또는 민)'에 의해 '인정'되는, '온 나라'의 '전체적 대표성'이라는 전제가 뒷받침되어야 한다. 여기서 공공성의 핵심은 특정 주체나 세력이 강권적 억압으로 획득할 수 있는 것이 아니라는 데 있다. 따라서 공공성이란, '국가독점적인 것', 또는 '관주도적인 것'과는 거리가 멀다. '온 나라', '만인의 인정'으로서의 공공성은 '민심'과 유사하다. '민심'이란 국가 차원에서 '공감적 만인관찰자'로서의 '공감대' 또는 '공감장'을 말하는 것이다. 이 민심은 하버마스가 정의하는 언어적 소통을 매개로 이루어지는 공론이나 공론장보다 훨씬 크고 넓은 범주로 이해할 필요가 있다. "언어적 의사소통에 의해 이루어지는 '공론'과 '공론장'은 그때그때의 바람에 의해 '민심의 바다' 위에서 일어나는 물결이나 파도와 같은 것이다. 물결과 파도가 바람에 일더라도 둘 다 바다의 위에서 일어나는 현상이다. …… 민심과 공론은 상호작용한다. 공감대로서의 민심은 공론을 고요히 장기적으로 규정하고 지도한다."[33]

이렇게 본다면, 공공성의 핵심은 '만인에 의한 인정(또는 공감)'에 있고, 국가나 특정 계층의 독점이 아닌 '상호성'을 전제로 성립하는 것이다. 다시 말해 국가공공성이란, 지배 정당성과 결부된 문제이기 때문에 피지배층과의 상호성을 중심으로 파악될 수 있는 것이지, 군주 또는 특정 세력이 '자의적'으로 강제하거나 대표할 수 없다는 말이다. 따라서 공공성의 본질구성적 함의는 특정 개인과 소수 집단이 사적으로 소유하는 것과는 거리가 멀고, 오히려 다수의 구성원이 '공통적', '보편적'으로 인정하고, 공감하는 것에 있다. 이러한 취지에서 공공성은 구체적 '거소(居所)'로 특정되는 것이 아니라, '상호성'을 중심으로 한다. 이 상호성의 원리를 바탕으로 유학적 정치원리의 근간을 이루는 '민본론'을 검토할 경우, '민유방본'을 모토로 한 조선정치사에서 상당히 의미 있는 변화들을 포착할 수 있다.

3) 상호성을 바탕으로 한 민본론

『서경(書經)』「하서(夏書)」'오자지가(五子之歌)'에서 "백성이 나라의 근본이다(民惟邦本)."라고 밝히고 있는 것과 같이 공·맹의 정치적 근본이념은 '민본(民本)'이다. 공자는 『논어(論語)』「안연(顔淵)」편에서 "군자의 덕은 바람이다. 소인의 덕은 풀이다. 풀은 이에 바람을 가하면 반드시 모두 눕게 된다(君子之德風 小人之德草 草上之風必偃)."고 하여 바람과 풀에 빗대어 치자와 피치자의 관계를 상징적으로 설명한 바 있다. 조금 더 면밀히 분석해 들어가면, 이 비유는 상당히 중요한 조건을 전제하고 있음을 알 수 있다. 피치자, 즉 풀이 눕게 되는 것이 항상적·무조건적이지 않다는 점이다. '민'이 풀과 같이 바람에 눕는 계기가 중요하다. 풀이 자연스럽게 바람에 눕는 것은 '민본' 정치를 펴는 군자의 '덕'이 관철될 때다. 다시 말해, 군자가 인정(仁政)을 펼 때 군자와 민, 다시 말해 '바람과 풀'의 통일적 조화가 이루어지는 것이다. 군자의 통치가 '인정'에 기반한 '민본정치'인지, 덕치가 관철되고 있는지 여부 또한 치자가 자의적으로 판단하거나 윽박지를 수 있는 것이 아니다. '덕치' 또는 '인정'의 정치를 판단할 수 있는 핵심 준거는 '민심의 바다'에 있고, '백성'(民)에 의한 인정과 공감, 즉 '상호성'의 문제를 전제하는 것이다.

공·맹이 강조하는 '민본론'의 정치적 함의를 살펴보면, 이 '상호성'의 맥락이 보다 잘 드러난다. 『서경』의 「제2편 하서(夏書)·오자지가(五子之歌) 제3」에서 민본론은 "백성은 나라의 근본이고 근본이

단단하면 나라가 안녕하다(民惟邦本 本固邦寧)."는 것을 말한다. 여기서 백성과 나라의 관계는 '상관적'이다. 또한 『중용』「전(傳) 10장(章)」은 "민중을 얻으면 나라를 얻고, 민중을 잃으면 나라를 잃는다(得衆則得國 失衆則失國)."고 밝히고 있다. 대등한 상호성 맥락을 넘어 맹자는 「진심장구 하(盡心章句下)」에서 '민귀군경(民貴君輕)'론을 제시하며 사직이나 군주를 높이지 않고, 민을 가장 귀중한 존재로 격상시켰다. 맹자에 따르면, "민이 가장 귀중하고, 사직이 그 다음이고, 군주는 가장 가벼우므로, 들녘의 민(백성)을 얻으면 천자가 된다(孟子曰 民爲貴 社稷次之 君爲輕 是故得乎丘民而爲天子)." 한 발 더 나아가 맹자는 민심을 잃은 군주는 군주의 자리에서 쫓겨난다고 역설하며 '온 나라 백성의 인정', 즉 '민심의 바다'의 주체인 '민'과 군주의 상호성을 강조하고 있다.

또한 백성은 '온 나라'이자 '천하'에 비유된다. 맹자는 「이루상(離婁上)」(7-9)에서 "천하를 얻는 데는 도가 있다, 천하의 백성을 얻는 것이 천하를 얻는 것이다, 그 백성을 얻는 데는 도가 있다, 백성의 마음을 얻는 것이 백성을 얻는 것이다(得天下有道 得其民 斯得天下矣 得其民有道 得其心 斯得民矣)."라고 강조한다. 백성의 마음, 즉 '민심'을 얻는 것이 곧 '천하'를 얻는 것이다. 그리고 "하늘은 우리 백성이 듣는 것을 통해 듣고 하늘은 우리 백성이 보는 것을 통해 본다(天聽自我民聽 天視自我民視)."는 『서경』의 '민심즉천심론' 및 『맹자』「만장상(萬章上)」(9-5)의 '천·민동위론(天民同位論)'은 국가공공성의 맥락이 민과의 상호성 차원에서 전개되고 있음을 보여주는 민본정치관의 대표적인 테제들이다. 이처럼 공·맹의 '민본론'은 공공성의 발현을 결코 군주라는 특정 개인에게 한정하지 않았고, '만인의 인정',

'온 나라의 인정'이라는 전제를 바탕으로 하고 있다.

　이러한 해석은 유교적 정치질서나 민본주의에서 나타나는 민을 "객체적 요소로서 복종의 의무만 부과되어 있는" 것으로 해석하는 기존 주자학적 해석과 거리가 있는 것이다. 가령 퇴계 이황에게서 나타나는 민관은 "통치자의 수신과 그것을 기초로 하는 교화의 대상이라는 관점"이다. 경세치용학파나 이용후생학파의 단계에서도 양반의 폐해를 논하고 사민(四民)의 선천적인 귀천의 구별을 부정하고는 있지만 '민'을 정치의 주체로까지 끌어올리지는 못하였다.[34]

　여기서 주목해야 할 것은 민본론의 저변에 자리하고 있는 상호성의 맥락이다. 이 상호성을 통해 민은 객체가 아니라 국가공공성을 떠받치는 또 하나의 중심축으로 자리매김한다. 『서경』의 '민본론', 『중용』의 '민중국가론', 『맹자』의 '민귀군경론', '민심즉천심론', '역성혁명론' 등에서 확인되는 바와 같이 유학적 '민본론'에서 통치자와 피치자의 관계는 '상관적'이다. "통치자와 민은 존비의 차별이 있으나 그들의 관계는 노예주와 노예가 아니다. 오로지 노예주를 위하여 존재하는 노예와 달리 민은 통치자의 보호대상이다. 피통치자 계층인 민이 있어야 통치계층이 존재할 수 있는 상대성 때문이다."[35]

3. 조선시대의 정치적 공공성

1) 조선 초기의 '민' 이해

조선 초기 '민'은 농민이나 피지배층을 지칭하는 개념적 명확성을 가지고 사용되지 않았다. 첫째, 유교적 민본론에 기초하여 왕을 포함한 광의의 민으로 쓰인 경우가 있었다. 『태종실록』에는 인간 일반을 지칭하는 민의 의미가 다음과 같이 제시되어 있다. "천지가 민을 낳음에는 본래 양천(良賤)이 없었다. 일반 천민(天民)을 가지고 사재(私財)로 여겨 부조(父祖)의 노비라 칭하고 서로 쟁송함이 끝이 없어 골육이 상잔하고 풍속이 패상(敗傷)함에까지 이르니 가히 마음 아픈 일이라 하겠다."[36] 하지만, 인간 모두를 의미하는 이 광의의 민을 민본사상에서 말하는 민의 범주로 간주하기는 어렵다.[37] 둘째, 조선 전기의 '민인' 개념은 왕을 제외한 일국의 모든 백성 또는 수령방백이 다스리는 특정지역 내의 모든 지방백성을 지칭하는 말로 사용되고, 특정한 통치권 내의 피지배자 일반을 지칭하는 개념으로도 쓰였다.[38] 셋째, '천'과 상관성을 갖는 '민'에 때로 군주가 포함되기도 하지만 '민'은 대부분 피통치자 일반을 지칭하는 경우가 많았다. '민인(民人)', '민서(民庶)' 등과 같이 하나의 무리로서 '민' 일반을 통칭하는 경우와 달리 『실록』에서 확인되는 바에 따르면, 조선시대 민본적 공공성을 강조할 때에는 민이 특정하게 피통치자 계층으로 지칭되었다.

　주지하다시피 조선왕조는 유교적 군주국가로 출발하였고, 태조대부터 '민유방본'을 왕조의 기본 입장으로 천명하였다.[39] 조선의 건국기, 전제개혁 시기부터 제시된 이 '민본'사상은 '조선건국기-붕당정치기-민국정치기-세도정치기'를 거치며 조선의 국가공공성을 관통하는 핵심담론으로 기능해 왔다. 그런데 조선 초기 표방된 '민본'사상에서 '민'은 공맹 정치사상의 상호성 측면에서 파악되는 '백성(民)'과는 거리가 있다. 조선 초기의 '민'은 상당히 유약한 존재로 묘사되었다. 조선 초기 민은 '갓난아이'와 같이 보호 받아야 하는 '소민', '적자(赤子)'로 등장한다. 태종 3년(1394) 6월의 교서에 나타난 '임금-수령-백성'의 관계가 이를 잘 보여준다. "인군(人君)은 부모이고, 백성은 적자이고, 군수는 유보(乳保)라고 하였습니다. 부모가 그 자식을 기르지 못하므로, 이를 기르는 자는 유보이고, 임금이 그 백성을 스스로 어루만지지 못하므로, 이를 어루만지는 자는 군수입니다."[40] 또한 『문종실록』에 따르면, 문종이 즉위년(1450)에 은산 현감 김귀손(金貴孫)에 이르기를 "수령의 임무는 백성을 사랑하는 것이 중하게 되니, 그대는 나의 마음을 본받아 소민을 자식처럼 사랑하라"[41]고 하였다.

　통치자와 '민'의 관계를 유학적 민본론의 관점에서 보면, '민'은 일방적인 지배의 대상이나 왕과 경대부를 위해 존재해야 한다는 취지와는 거리가 멀다. 그 이유는 동양정치사상에서 '민(民)'은 당초 '천(天)'과의 '상관성' 속에서 제기되었기 때문이다. 반면, 조선 초기의 '민'관을 이러한 공맹사상의 '상호적' 민본관의 측면에서 검토해 본다면, 군주 중심의 역할이 기형적으로 강조된 측면이 강하고 상대적으로 '민'은 유약한 보호의 대상으로 나타나는 것이 특징이다. 이를 조선의 정치적 공공성의 차원, 즉 민본론 고유의 의미를 바탕으로 본다면, 조선 초기 '민'은 군주-사대부로 대표되는 지배권력의 정당성 확보를 위한 수사적, 도구적 차원에서 수단적으로 호명되고 있었다.

2) 붕당정치와 국가적 공공성

14세기 이후 농업기술의 획기적 발달을 배경으로 중앙의 대지주와 더불어 향촌사회 지주들이 수적으로 확대되었다. 16세기 들어 조선의 향촌사회에서는 지주층의 지식인화가 대폭적으로 이루어지면서 향당(鄕黨)이 결성되었다.[42] 이 향당을 배경으로 중앙에 진출한 자들이 학연을 매개로 붕당을 형성하였다. 붕당정치는 '군·신 공치주의'를 특징으로 한다. 이는 송대 신유학 특히 정·주 성리학의 영향을 받은 것이다. 군주가 학식 있는 신하들과 함께 강학하는 '경연제도'가 그 제도적 특징 중 하나이다. 국가적 공공성과 결부하여 이 붕당정치를 검토해 보자면, 붕당의 정당성은 "공도를 실현하기 위해 노력하는 자들의 붕당이 우세하면 정치는 바르게 될 수 있다."는 차원에서 찾아진다.[43]

붕당정치는 17세기 초 인조반정을 계기로 안정적인 기반을 확보하였다. 공도(公道) 실현을 소임으로 자처하는 붕당들이 그 실현을 위해 서로 비판하며 공존하는 것에서 붕당정치와 '공론'의 공공적 의의가 도출된다. 물론 붕당정치가 국가적 공공성에 '공치'적으로 복무하는 동안에는 이 순기능적 요소가 제대로 작동하였다.[44] 17세기 후반까지 '붕당'에 의한 '공론'정치는 사대부의 여론 결집을 전국적 차원에서 이룰 수 있는 수준까지 올려 놓았다. 특히 이 '공론'은 사림에게만 한정되는 것이 아니라 지역 민인들의 분위기, 삶의 조건에도 직접 영향을 미쳤다는 점에서 조선의 공공성 형성에 중요한 기제로 작동했다고 할 수 있다.[45] 이 단계의 국가공공성은 군주와 사대부의 공치를 통한 공공성 형성을 특징으로 하기 때문에 세습군주정의 1인 독점적 공공성 창출 단계와는 질적으로 구분되는 것이다. 고려 말기의 '타락한 세습군주정' 당시 천하의 공을 세도가가 독점하던 단계와 비교해 본다면, 붕당정치기 국가공공성 형성의 메커니즘은 분명 타락한 세습군주정 단계와는 명확하게 구별되는 진일보한 국가공공성의 창출 기제였다고 할 수 있다.

그러나 장장 100여 년 동안 조선의 정치사에서 중요한 역할을 담당한 붕당이 공도 실현에서 벗어나 점차 일당 전제적 성향을 강하게 보이기 시작하면서 군주–사대부 사이의 공치에 균열이 발생했다. 붕당끼리 격렬하게 대립하는 17세기 말에 이르러서는 당초 붕당정치가 가졌던 의의가 퇴색하고, 국가공공성에 심각한 균열이 일어난 것이다.[46] '공론'이 공론으로서 기능하지 못하고, '당론'으로 변질되었고, 타협 없는 당파의 충돌은 군주와 사대부 사이의 공치를 통한 공공성 창출 기제를 무력화시켰다. 그 폐해는 전국적으로 이어졌고 심각한 사회제관계 붕괴현상을 초래했다. 이중환은 『택리지』에서 18세기 초까지 이어진 붕당정치의 폐해에 대해 "신임년 옥사 이래……시골까지 하나의 전쟁터였다."고 말한다. 또한 "사대부가 사는 곳 치고 인심이 고약하지 않은 곳은 없다. 당파를 만들어 죄 없는 자를 거둬들이고, 권세를 부려 평민을 침해한다. 자신의 행실도 단속하지 못하면서 또 남이 자기를 논하는 것은 미워하고 모두들 한 지방의 패권 잡기만 좋아한다. (다른 당파와는) 한 고장에 함께 살지 못하며 마을끼리도 상상할 수 없을 정도로 서로 헐뜯는다. 원한이 나날이 깊어져 서로 역적이라는 이름을 덮어씌웠는데, 그 영향이 아래로 시골까지 미쳐 하나의 전쟁터가 되었다. 서로 혼인만 통하지 않는 것이 아니라, 서로 용납하지도 않는 형세가 되었다.'[47]고 당시 붕당의 폐해로 인한 국가공공성의 파탄 상황을 논구한 바 있다.

17세기 말부터 각 정파들은 붕당정치의 공존 원칙을 무너뜨렸다. 붕당 간의 격렬한 정쟁은 심지어 서로 다른 왕위 계승권자를 내세우면서 대립하여 왕실의 권위가 크게 손상되는 지경에 이르렀고, 군주가 이를 더 이상 방치할 수 없는 상황을 초래하였다.[48] 당론에 입각하여 군주마저 자기 사람을 세울 수 있다는 데까지 나간 상황에서 군주와 사대부의 공치를 통한 국가공공성 창출은 불가능해졌다. 영조는 이 상황에 대해 "세 당파가 각자 스스로 군주를 택하였다"[49]고 개탄한 바 있다. 100년을 이어 온 붕당정치는 점차 '공치'의 견제 역할에서 벗어나 스스로 "하늘의 뜻"을 자처하며 공공성을 당파의 이익을 위한 도구로 활용하기에 이르렀고, 상대 당파를 비법적으로 죄인을 만들어 살육하는 지경에 처했다. 영조는 이러한 상황에 대해 "우리나라는 사대부 때문에 망한다"[50]고 통렬하게 비판하였다.

붕당정치기 '가(家)'의 공공적 역할이 중시되었으나 결국 사대부가의 공공적 역할 수행이 자붕당 중심으로 기울면서 붕당정치는 점차 정치적 공공성 구현에 실패하고 말았다. 정치적 공공성을 창출하는 기제가 붕괴할 경우 '만인의 인정'을 기반으로 해야 하는 국가정책의 신뢰 상실로 이어지고, 국가는 위기상황에 직면하게 된다. '민심의 바다' 위에서 '공론'이 '공론'의 권위를 상실하는 것이다. 영조는

민民의 나라, 조선

이 '민심의 바다'와 교감하며 새로운 공공성 창출의 가능성을 모색해야 하는 국가공공성의 위기 상황에서 즉위했다. 따라서 탕평정치기 소민 보호의 임무를 방기하고 당쟁을 일삼는 붕당사대부들에 대한 질책의 강도는 혹독할 정도로 강했다. "제나라 위왕(威王)이 아대부(阿大夫)를 팽형에 처한 고사가 이미 있는데, 날마다 당습(黨習)을 일삼고 소민을 돌보지 않으니, 그 죄는 제나라의 아대부보다 심하다. 실로 장차 대궐문에 임해 백관을 모아 큰 거리에서 팽형하여 백성들로 하여금 모두 당인들의 고기를 보게 해야 마땅할 것이다."[51] 나라를 지키기 위한 보국(保國)의 비책이 '소민'을 향하기 시작했다.

3) 민국정체와 '민국' 이념의 등장

'민국' 이념이 제기되는 18세기에 이르면, 조선의 국가공공성 창출 메커니즘에 중대한 변화가 일어난다. '민'이 조선 초기 정치권력의 정당성을 위한 수사적 도구의 지위에서 벗어나, 정치권력이 그 실체를 인정하지 않을 수 없는 단계로 성장한 것이다. 영조 4년 3월 10일 『승정원일기』에는 기존의 '민'을 바라보던 시각과 현저히 다른 차원의 '민'관이 나타나 있다. '하늘을 두려워하고 백성을 공경해야 한다'는 '외천경민(畏天敬民)'의 '민'관이 그것이다.[52] 조선 초기의 '민'관에서는 볼 수 없었던 내용이다. 그 뒤에도 조선 초기의 '적자론', '보민론'과 달리 '경민' 개념이 자주 쓰이고 있다. 영조 51년 3월 인천 유학 이한운(李漢運)의 상소문은 당시 사대부들의 백성관이 조선 초기의 민관과 상당히 달라졌음을 보여주고 있다. 이한운은 영조에게 이렇게 상소를 올렸다. "엎드려 바라옵건대 전하께서는 먼저 백성을 공경함으로써 하늘을 공경하는 근본을 삼으십시오."[53] 요컨대 이러한 백성과 하늘의 '공경'이 결합하는 변화는 백성에 대한 파악 방식이 이전과는 분명하게 달라졌음을 보여주는 것이다. 18세기 군주들은 즉위 초부터 '백성은 나와 한 핏줄'이라는 '민오동포'론을 강조하였다. 균역법 실시 때의 일이다. 성균관 유생들에게 군역을 지우는 것이 명분을 어그러뜨린다는 반대에 직면하자 영조는 다음과 같이 하유하였다. "너희들은 유생에게 호전을 부과하는 것을 불가하게 여길 것이나 위로 삼공(三公)에서부터 아래로 사서인(士庶人)에 이르기까지 부역은 고르게 해야하는 것이다. 또 백성은 나의 동포이니 백성과 함께 해야 한다. 너희들처지에서 백성을 볼 때에는 너와 나의 구별이 있을지 모르나, 내가 볼때에는 모두가 나의 적자(赤子)인 것이다."[54]라고 강조하였다.

이처럼 18세기는 "군주가 사·서의 구분보다, '동포'니 '동류'니 '대동'이니 '균'을 내세우면서 백성에게 좀 더 다가가려"[55] 한 시기이다. 조선초기의 '적자', '보민' 단계와 비교하여 보면, '민'의 지위가 격상되고 있음을 확인할 수 있다. 물론 당시 『실록』의 기록을 살펴보면, 기존의 '적자', '보민' 단계와 단절적인 차별화가 진행된 것은 아니었다. 위 영조의하유에 나타난 바와 같이 '적자'로서의 '민' 개념이 '동포'론의 '민' 개념과 혼재되어 사용되고 있었다. 하지만 그 의미는 확연히 구분되는것이다. 영조가 백성에게 반포한 각종 유시의 제목들에서 '적자'론이나 '보민'론의 흔적이 거의 사라지고, '민인'이 자주 쓰이는 것을 볼 때,점차 '민'의 의미가 전환되고 있는 것이다. '민인' 개념의 부상은 대체로 숙종 이후 탕평군주들이 국가를 재조하는 과정에서 국가 이념으로 '민국'이 부상하는 것과 거의 일치한다. 특히 '민인' 개념에서 상하의 계층성이 결정적으로 무너지기 시작하는 것은 영조대부터다.[56] 조선 초·중기의 민본주의적 양태와 비교하여 본다면, 민국정체기 민본주의의 특징은 민을 위한 정책들이 보다 실질적 차원에서 전개되고 있다는 점이다. 이 차이는 중요한 전환을 의미하는 것이다. 특히, "18세기 탕평군주들의 소민 보호 의식은 소민을 괴롭히는 제반 행위를 범죄행위로 간주하고 있다는 점에서 특징적이다. (이러한) 18세기 탕평군주들의 새로운 차원의 소민 보호 의식은 더 넓은 영역으로 확대되어 발동되었다."[57]

특히, 이 시기 소민 보호 정책의 도입은 유난히 뛰어난 성군의 등장과 함께 역사적 우연이 결합된 산물이 아니라 민 영역의 정치사회적 변화에 대한 정부 차원의 호응이라는 차원에서 주목할 필요가 있다. 소민을 위한 가시적 정책의 도입은 군주나 사대부 일방으로부터 도출된 시책이 아니라 민과의 상관성 속에서 선택된 불가피한 측면이 강하다는 말이다. 민국이념은 붕당정치 시기 군주와 공치적 파트너십을 형성했던 사대부, 즉 사림의 붕당이 공공성으로부터 이격되고, 그 폐해에 대한 민의 압력이 증대하는 과정 속에서 제기되었다. 17세기 말 사림의 당파싸움은 국가적 공공성과는 거리가 먼 파당적 이해를 위한 것이었고, 종국에는 민의 수탈로 이어졌다. 이에 민은 직접적인 저항을 시작했다. 이러한 상황에서 "탕평군주들은 계속되는 변란과 민란 속에서 나라를 지키기 위한 혁명적 방책으로 사대부를 등지고 소민 보호를 기치로 '소민의 나라', 즉 '민국'을 전면에 내세우기 시작한 것이다." 황태연은 민국정치의 노선이 '반(反)사대부 부민한량(富民閑良)노선'도 아니고 '반사대부 중민(中民)노선'도 아닌, '반사대부·소민(小民)노선'인 것에 중요한 의미를 부여한다. '소민'은 사대부의 대민(大民)·대가(大家)와 준양반층(유학으로 신분 상승한 상민층 또는 중인층)을 제외한 상민·노비·기타 천민 등을 지칭하는 것이고, '민국'은 '백성의 나라'였지만, 특히 '소민의 나라'였던 것이다. 민국정체의 핵심 내용은 영조의 뚜렷한 "반사대부·소민노선"[58]으로 압축된다. 이 반사대부·소민노선의 제기 배경과 의미를 반추해 본다면, 민국이념은 조선 초기 민을 단순한 수사적 차원의 담론 수준에서 거론하던 추상성이 아니라 국가공공성을 사수하기 위한 군주의 '혁명적' 방책으로서의 실체성을 갖는 것이라고 해석할 수 있다.

4) 세도정치기 국가공공성의 붕괴

18세기 사회경제적 구조 변화로 '민'의 외연이 확장되고, 민이 정치적 실체로 등장했으나 민국 정치사상이 순탄하게 발전한 것은 아니다. 정조의 급작스런 죽음 이후 그 뒤를 이은 군주들은 모두 나이가 어렸다. 19세기 초중엽 순조, 헌종, 철종이 재위한 시기(1800~63) 국왕의 국정 주도력은 극도로 위축되고, 안동김씨, 풍양조씨 등 세도가문으로 불리는 노론에 속하는 외척 가문들이 정치를 좌우하였다.[59] 이태진은 이 시기를 "보수반동의 역사"[60]로 평가하고 있으며, 황태연은 광범한 민란을 초래하여 국가공공성을 파탄시킨 "반동정체"[61]로 규정한다.

세도정치 시기 이 소수 벌열가문은 탕평정치에서 크게 높아진 왕실의 권위를 역이용하여 권력의 독과점 구조를 확고히 하였다. 국정 운영의 중요 기구와 이에 소속된 관원들의 충원도 세도가문에 의해 구조적으로 독과점 되었다. 관직에 진출할 수 있는 문과 급제자는 서울에 거주하는 일부 가문 출신, 즉 '경화벌열(京華閥閱)'에 집중되었다. 중앙정치 참여층이 경화벌열로 압축되고 중앙관료와 지방사족 간에 존재하였던 경향의 연계가 단절되면서 전통적인 사림계층의 학문적, 지역적 연계망을 통한 공론 형성이 거의 불가능하게 되었다.[62] 국가공공성을 구현해야 할 제도영역이 총체적 파탄 상황에 직면한 것이다. 이 상황은 군주-사대부의 공공성 창출 기제가 무력화되었던 17세기보다 훨씬 심각했다. 군주-민의 공공성 창출 기제의 한 축인 군주의 역할이 무력화되었을 뿐만 아니라 국가사무를 담당할 인재 선발 과정 등 국가의 공적 제도영역이 사적 이익을 위한 수단으로 전락하면서 국가공공성이 총체적 파탄 상황에 접어들었다. 반면, 세도정치기 민의 영역은 18세기보다 훨씬 더 확장되고 성장해 있었고, 대외적으로는 조선을 둘러싼 열강들의 각축이 본격화되고 있었다.

국가공공성이 '만인에 의한 인정'이라는 공감대를 현저하게 이탈할 경우 군주는 공공성의 발현주체가 되지 못하고, 역으로 국가공공성에 의한 비판 대상으로 전락한다. 민심의 바다가 용납할 수 있는 상황을 넘어서면서 민의 정치적 저항이 격렬해지게 되고, 그 저항의 준거가 이 정치적 공공성의 파탄으로부터 형성되어 나온다. 이는 17세기 말 붕당정치의 파탄에 따른 국가공공성 창출 기제의 붕괴 사례에서도 확인된다. 군주와 붕당의 공치가 국가공공성을 창출하지 못하고 현저하게 이탈하자 군주와 민이 '민국' 사상을 이끌어내었고, 국가공공성 기제를 새롭게 재구성하기 시작하였다.[63] 세도정치기 정치권력은 독점적으로 유지되고 관직 진출마저 특정 가문 중심으로 집중되는 등 국가공공성이 치명적 위기에 봉착했다. 이미 18세기 신분상의 범주가 넓어지고 그 실체가 보다 명료하게 드러난 '민'은 이 시기에 야담이나 소설 등에서 '관권'과 대립하거나,[64] 1812

년 '홍경래의 난'과 같이 국가권력과 직접적으로 대립하기도 했다.[65]
19세기 세도정치 시기 민은 정치적 공공성 확보에 실패한 정치권력을 대신하여 '척왜양', '보국안민'의 기치를 내걸고 저항을 시작하였다. 이러한 저항적 물결의 결집이 곧 19세기 말 동학농민전쟁이다.

민民의 나라, 조선

4. '민'을 중심으로 한 조선시대 공공성의 재구성

1) 조선 초·중기 '민'의 범주와 공공성

조선 초·중기 '민인' 개념은 왕 이외의 피지배자 일반을 지칭하기도 하지만 관인이나 양반 등의 지배층은 물론 천인신분과도 구분하여 직역상 농공상에 종사하는 양민의 뜻으로 널리 사용되는 상하의 계층성을 띤 개념이기도 하였다.[66] 피통치자로서 민의 구체적 범주는 어떻게 특정될 수 있는가? 크게 보아 민은 신분, 직업, 역에 의해 구분할 수 있다. 또한 신분상으로는 양인(良人)과 천인(賤人)으로 구별할 수 있는데, 이렇게 나눌 경우 서인(庶人; 平民, 常人)의 경우 천인과 구분되는 의미에서 민에 포함될 수 있다. 이렇게 본다면 일단 민은 관인층(官人層)을 제외한 양인 일반을 지칭하는 것이라고 할 수 있다.[67]

반면, 민은 관인층을 제외한 양인 일반의 범주로만 한정되었던 것이 아니라 공노비까지 포괄하여 폭넓게 사용되기도 하였다. 당시 공노비도 민으로서 민본정책의 대상이 되고 있다는 사실은 『예종실록』의 다음 내용으로 확인할 수 있다. 실록은 노비신공과 관련한 혜택의 대상으로 정확히 '민'을 지칭하고 있다. "(호조에서 아뢰기를), 무자년(1468, 세조 13) 8월 28일에, 명하여 병술년(1466, 세조 11) 이상의 여러 관사(官司)의 노비신공(奴婢身貢: 노비가 신역 대신에 바치던 공물) 중 거두지 못한 것은 견감(蠲減)하고, 이미 거둔 물건은 견감하지 말도록 하였습니다. 이로 인하여 여러 고을의 수령(守令)들이 이미 거둔 포물(布物)을 남용(濫用)한 자는 모두 그 문적(文籍)을 빼버리고 도리어 거두지 않았다고 하니, 견감한 혜택이 백성(民)에게 미치지 못하여 매우 옳지 못합니다."[68]

이와 같이 조선의 민본사상에서 민은 신분이나 직업 또는 역에 의해 구분되는 특정 계층만을 지칭한 것이 아니라 관인층을 제외한 모든 사람을 지칭한다고 할 수 있다. 즉 양인이든 천인이든, 또는 농민이든 상인이든 관계없이 관인층에 의해 통치의 대상으로 인식된 모든 사람이 민본사상에서 말하는 '민(民)'의 범주에 포함된다고 볼 수 있다.[69] 그러나 이렇듯 폭넓은 '민'의 범주가 곧 민의 계층적 성격까지 무효화시키는 것은 아니다. 조선 전기 민은 관인이나 양반 등의 지배층은 물론 천신분과도 구분하여 직역상 농공상에 종사하는 양민의 뜻으로 많이 활용됨으로써 상하의 '계층적' 성격이 강하게 반영되어 있었다. '민(民)' 개념에서 상하의 계층성이 결정적으로 무너지기 시작하는 것은 조선 후기 국가재조 과정에서 비롯되었으며, 그 시기는 영조 대부터다. 정조 9년(1785)에는 노비추쇄자에게 상을 주는 법을 혁파하고, 그 다음해에 추쇄관을 혁파하여 노비들의 생활을 안정시킴으로써 노비도 백성으로 인정받을 수 있었다. 순조 즉위년(1800)에 반포한 윤음에는 사농공상의 백성과 노소, 군인 뿐만 아니라 그동안 천민에 속했던 승려와 노비도 백성에 포함됨으로써 민의 계층성이 거의 무너지게 되었다.[70]

2) 영·정조 시대 '경민'·'민오동포'론과 사회구조적 변화

조선의 18세기는 신분제 질서에 기반한 양반 중심의 지배체제가 무너지기 시작한 시기이며, 근대화가 시작되는 조선의 전환기이다. 이 시기에 양반층의 급증과 평민층 및 천민층의 감소라는 신분사회 붕괴현상이 현저해지고 '군주-민'의 상관성이 명료하게 제기된다. "18세기를 거치면서 '준(準)양반' 또는 중인으로 분류되는 신흥양반층이 대폭 늘어나 양반층이 전체 가호(家戶)의 30% 정도로 늘어나고 19세기(중반)에 이르면 대부분 가호의 호주들이 유학(幼學)을 칭하는 상황이 그려진다."71 양반의 비중이 확대되는 것과 더불어 노비의 수도 급격히 줄어든다. 16~17세기에 노비수는 대부분의 지역에서 전 가호의 30% 이상을 차지한 것으로 파악되고 있다. 그런데 18세기에 들어와서는 10% 미만으로 크게 줄어든 가운데 시간이 지날수록 급격히 감소하는 추세를 보였다. 노비의 다수를 차지하는 외거노비는 거의 소멸하다시피 한다. 17세기까지 노비는 추쇄법에 묶여 도망갈 곳이 없었다. 그런데 18세기에는 이 법이 폐지되었을 뿐만 아니라 도시가 발달하면서 이들의 노동력을 필요로 하는 신흥 상공업자들이 다수 등장하여 상황이 크게 바뀌었다.72 게다가 18세기의 사회경제적 구조는 집약농업과 유통경제의 발달로 중간계층이 성장한 것이 특징이다. 또한 전문 기술자인 중인층뿐 아니라 신중간계층 및 농촌 지식인들의 신분 상승 운동이 나타났다.

앞서 살펴보았듯이 18세기 이전 시기 '민'은 피치의 대상이자 민유방본의 수사적 도구로 활용된 측면이 강했다. 그러나 숙종 때부터 거론되기 시작한 '민국' 이념은 추상적 '민'이 아니라 실체화된 '민'을 대상으로 표출되었다. 18세기 들어 본격적으로 제기된 '민국'

이념에는 "양반 관료보다는 소민의 중요성이 더 강조되고, 실제 소민 보호의 수단이 더 구체화되는 변화가 나타났다."[73] 영조시대의 양역 문제나 구황대책, 균역법의 적극적인 추진은 실체화된 민의 성장을 바탕으로 한 국가시책들이다.

다른 한편, 18세기 민국정치 시기의 특징적 양상은 민서들의 공론적 영향력이 새롭게 확대되었다는 점에서 찾을 수 있다. 실제 군주는 당인들의 의견을 구하는 대신 직접 민과의 접촉 범위를 넓혀갔다.[74] 단적인 예로, 정조 재위 24년간 77회에 걸친 행차에서 접수된 '상언'과 '격쟁'이 무려 4,427건에 달하였다.[75] 정조는 민의가 상달될 수 있는 통로를 적극 제도화하여 사회문제를 파악하는 한편, 이로써 새로 성장하는 사회세력을 체제 내로 흡수하여 사회를 안정시키려 하였다. 특히 서얼층을 위시한 중간계층 대책, 노비해방 문제를 생각한 고공법 정비, 수원성 건설에 모군을 써서 유이민 안집책까지 고려한 시책들이 대표적이다.[76] 다른 한편, '공론' 및 '향중공론' 형성에 기반 역할을 한 사랑방 모임과 시사·강학의 전통은 18세기 전후 시기가 되면 중간계층 및 상층 민인들에 일반화되었고, 위항문학, 평민문학, 여류문학으로 확산되면서, '이가환(李家煥)의 문화(文華), 박지원(朴趾源)의 신체(新體)' 같이 양반문화의 평민화 현상과 상호 교류를 불러왔다."[77]

3) 19세기 민의 공공성 표출

19세기 조선은 사회 전반적으로 모순과 부조리가 만연함으로써 국가공공성이 파탄 상황에 빠지게 된다. 국가공공성이 '만인에 의한 부정' 단계에 이르러 제도 영역(군주와 관료)을 중심으로 전혀 대응책을 강구할 수 없는 상황에 이른 것이다. 상호성의 맥락에서 본다면 민이 조정을 국가공공성의 발현 주체로 인정하지 않는 상황이 전개된 것이다. 1862년 농민항쟁 때의 일이다. "임금을 대리하여 임금의 윤음을 선포하는 선무사마저도 민들에게 모욕당하고 협박당하는 상황이 전개되었다. 경상도 선무사 이삼현은 4월 말~5월 상순에 선무의 길에 나서서 성주, 상주, 선산 등의 지역에서 고을의 읍폐를 개혁하는 완문을 써주고 가라는 민들에게 길이 막혀 간신히 탈출하다시피 벗어났으며, 전라도 선무사 조구는 부안과 금구에서 민들에게 크게 곤욕을 당하고 가는 곳마다 민들에게 가로막혀 선무도 제대로 하지 못하였다. …… 민들은 관민(官民)관계의 측면에서 자신들의 행위의 의미를 언어로 표현하지 못했지만 상대는 그 메시지를 전달받았다. 동헌이라는 (대민통치가 행해지는-인용자) 존엄한 공간에서 우러러 보아야 할 수령을 끌어내려 패대기치고 의관을 찢었다는 것은 조선사회를 지탱해 온 '상하·중외의 기강 명분'을 전복하는 행위였다. 조선사회에서 관민·반상(班常)의 위계관계가 문제로 되어감을 민이나 관이나 양반이나 인식하기 시작하였다." 적어도 관의 입장에서 민은 이제 '관을 부모처럼 여기며, 관을 사랑하고 친애하는 본성을 가진' 존재로 볼 수 없다는 사실이 명백해졌다.[78]

19세기 세도정치의 폐해로 인한 관료집단의 부패와 사회경제적 수탈현상은 조선의 제도영역이 공공성을 담보하지 못할 정도의 심각한 이격을 표출한 것이자 새로운 공공성의 담지자로 '민'을 등장시키는 결정적 계기가 되었다.[79] 19세기 민란을 촉발하게 된 중요한 요인 중 하나는 전정(田政), 군정(軍政), 환정(還政) 즉 삼정(三政)의 문란이다. 1811년 12월 평안도 가산에서 일어난 '홍경래의 난'은 부패한 관권에 대한 지방민 최초의 대규모 저항이었다. 19세기 지방 사회에는 수령과 이향, 즉 이서와 향임이 결합한 수탈체제가 형성되어 삼정을 문란케 했고, 그 위에는 세도가문이 장악한 중앙권력이 자리하고 있었다.[80] 삼정문란과 더불어 민란의 촉발 배경을 살펴보기 위해서는 향회를 통해 작위적으로 마련된 "향중공론", 혹은 사안과 관계되는 당사자들의 참여나 그들의 의지가 사실상 배제되거나 억압된 채 강요된 절차에 따라 관권의 강제에 의해 조작된 "향중공론"이 공론으로서의 권위를 상실해가는 측면에도 주목할 필요가 있다. 대민들에 의해서 작위적으로 만들어진 향중공론을 바로잡을 시스템이나 계기가 부재할 때 나타난 최후의 수단이 민란이다. 민란이 준비되고 전개되는 과정에서 향촌사회의 공론은 전혀 다른 방식으로 전혀 다른 계층에 의해 형성되어 갔다. 소민들까지 참여하여 관권의 부당함과 그 교정을 논의하는 향회로 형식과 내용면에서 커다란 변화가 일어났다. 무엇보다 관권에 의해 강요된 공론이나 대민이 주도한 향중공론에 반대한 주민들이 별도의 집회를 통해 공론을 형성해갔다. 이들 집회는 민회(民會), 민소(民所), 민회소(民會所), 리회(理會), 면회, 읍회 등으로 불렸다. 향회라는 명칭을 쓰기도 했으나 참가층이나 성격 면에서 이미 기왕의 향회와 다른 것이었다.[81]

이와 같은 제도영역의 공공성 파탄 상황과 더불어 외세에 의한 압력, 서학의 동점 상황에 대한 대응으로써 1860년 수운 최제우는 경상도 경주에서 동학을 창도한다. 동학농민전쟁은 1892년 10월부터 1893년 4월까지 충청도 공주, 전라도 삼례, 서울 광화문, 충청도 보은과 전라도 금구 원평을 무대로 전개되었던 집단적이며 공개적인 시위운동으로부터 1894년 1월 10일 전라도 고부 농민봉기, 3월

민民의 나라, 조선

21일 전라도 무장에서 일어난 제1차 기포, 9월 전라도 삼례의 제2차 기포를 거쳐 1895년 1월에 이르기까지 조선 전역에서 전개되었다. 동학농민전쟁은 조선 후기 빈발했던 수많은 민란의 연장선 위에서 종래의 민란을 집약하는 성격을 갖는다.[82]

조선 초기 민본주의가 수사적 담론 수준에서 다루어졌다면, 18세기 민국정치 시기 민본주의는 '민국' 이념으로 실체화되었다. 반면, 19세기 동학농민전쟁 시기에는 민이 공공성으로부터 이격된 제도 영역을 대신하여 조선의 공공성을 견지하는 역할을 담당하였다. 동학혁명사상이 주창한 핵심은 크게 '반봉건', '반외세'로 모아진다. 동학의 '반외세'적 성격에 대해서는 대부분의 평가가 일치된다. 『용담유사』에는 일본에 대한 강한 적대의식이 적나라하게 표출되어 있다. "기험하다 기험하다 아국운수 기험하다. 개 같은 왜적놈아 너희 신명 돌아보라."[83] 동학의 반외세적 성격과 달리 그동안 동학의 '근대성' 또는 '반봉건성' 여부를 둘러싸고 많은 논란이 있었다. 한편에서는 동학의 '근대적 성격'을 강조하고, 이를 근대 민주주의적 요소로까지 연결하기 위한 해석을 시도했다. 동학혁명의 '반봉건성'을 강조하는 논지들은 주로 동학의 '대동·평등사상'에 주목한다.[84] 『용담유사』에는 상하귀천의 신분차별을 극복하는 '평등사상'이 제시되어 있다. "부귀자는 공경이요 빈천자는 백성이라 우리 또한 빈천자로 초야에 자라나서"[85], "부하고 귀한 사람 이전 시절 빈천이요 빈하고 천한 사람 오는 시절 부귀로세."[86]

이와 달리 동학농민전쟁이 왕조체제를 인정한 바탕 위에서 '충군·애민·반부패' 개혁을 시도했다는 이유로 동학농민전쟁을 '보수적', '복고적' 운동이라고 해석하는 논지[87]가 대립하고 있다.[88] 가령 유영익은 동학농민전쟁의 서곡이 된 「무장포고문」을 분석하여 전봉준이 유교적 윤리덕목을 철두철미하게 준수했던 모범적인 선비이며 유교적 합리주의자였음을 강조한다. 따라서 동학농민군은 어떠한 새로운 '근대적' 비전 내지 이상을 제시하지 못했고, 오히려 '봉건적' 차등적 사회신분질서를 이상화하고 있었다는 것이다.[89]

기존 논의들에서 제기된 논란의 핵심은 동학농민전쟁을 추동한 직접적 언술들에 나타나고 있는 '충군'의 성격을 어떻게 파악할 것인지 여부에 있다. 이 문제를 검토하기 위해 동학농민전쟁의 목표와 방향이 명료하게 제시된 당시 1차 동학농민전쟁 당시 전봉준 등 동학농민군 지도부가 발표한 「무장포고문」의 주요 내용을 살펴볼 필요가 있다.

지금 우리 임금님께서는 어질며 효성스럽고 자애로우며, 귀신과 같은 총명함과 성인과 같은 예지를 갖추셨으니, 현명하고 정직한 신하들이 보좌하여 돕기만 한다면 요(堯) 임금과 순(舜) 임금 때의 교화와 한나라 문제(文帝)와 경제(景帝) 때의 다스림에 도달하는 것은 마치 손가락으로 해를 가리키는 것처럼 그리 오래 걸리지 않을 것이다. …… 지금 이 나라는 …… 모두가 나라의 위태로움은 생각하지 않고 그저 자기 몸 살찌우고 제 집 윤택하게 할 계책에만 몰두하고 있으며, 벼슬길에 나아가는 문을 마치 재화가 생기는 길처럼 생각하고 과거 시험 보는 장소를 마치 돈을 주고 물건을 바꾸는 장소로 여기고 있으며, 나라 안의 허다한 재화와 물건들은 나라의 창고로 들어가지 않고 도리어 개인의 창고만 채우고 있다. …… 백성들은 나라의 근본인 바, 근본이 깎이면 나라가 역시 쇠잔해지는 법이다. …… 오늘의 의로운 깃발을 들어 잘못되어 가는 나라는 바로잡고 백성들을 편안하게 만들 것을 죽음으로써 맹세하노니 …… 태평성대를 축원하고 다 함께 임금님의 덕화를 입을 수 있다면 천만 다행이겠노라.[90]

「무장포고문」의 '탐관오리들의 폐정 엄단', '민본주의의 강화' 주장이 눈에 띈다. 동학혁명군의 이러한 주장은 공공성의 파탄 상황에 대한 지적이자, 조선시대의 민본적 공공성과 정확히 부합하는 내용으로 이해할 수 있다. 조선 말기 국가적 위기 상황에서 민본적 공공성을 대변하던 동학농민군의 선택은 '척왜양', '보국안민' 투쟁으로 집약되는 성격이 강했다. 수운의 『동경대전』에는 외세의 강력한 힘 앞에 어떻게 나라를 지키고 민을 편안케 할 것인가에 대한 치열한 고민이 이미 제시된 바 있다. "서양은 전쟁을 하면 승리하고 공격하면 빼앗아 이루지 못하는 일이 없다. 천하가 멸망하면 또한 입술이 없어지는 탄식이 없지 않을 것이니 보국안민의 계책을 어떻게 낼까?"[91]

민본적 공공성을 기치로 하였던 1894년 3월 21일 제1차 동학농민군은 4월 27일 전주성을 점령하는 등 엄청난 승리를 거두었으나 그 여세를 몰아 '민에 의한 정치'를 요구하며 서울로 진격하지 않았다. 오히려 전주성 점령 이후 청·일 군대의 출병소식을 접한 농민군은 5월 7일 '전주화약'을 체결하고 자진 해산한다. 위 무장포고문에 '폐정 엄단', '민본 강화'와 더불어 '성군에 대한 강력한 기대'가 제시된 점을 주목해 본다면, 당시 동학농민군의 주장이 일견 근대적 요소들과 반근대적 요소들의 혼란 속에 있었던 것처럼 비추어지기도 한다.

그러나 19세기 '민'의 사상을 확인할 수 있는 동학농민전쟁의 주창 내용을 검토하는 데 있어 당시의 정세를 중요하게 고려할 필요가 있다. 당시 상황은 '척왜양', '보국안민'의 긴박성이 강하게 대두되고 있던 비정상적인 국가 위기 상황, 즉 '비상정국'이었다. 이러한 긴박한 상황을 염두에 두지 않을 경우 일부의 논지들과 같이 동학혁명사상의 본질을 제대로 이해하지 못하게 된다. 『용담유사』뿐만 아니라 동학의 본질을 확인할 수 있는 곳곳에 근대적 신분 해방에 대한 요구나 평등에 대한 강조가 다수 등장한다는 점을 상기할 필요가 있다. 이러한 평등사상은 종국에는 '민에 의한' 정체로까지 발전해 나갈 수 있는 동력을 내포한 것이기도 하다. 당시 일본과 청국의 외압 속에 국운이 풍전등화에 처한 상황에서 민은 군주를 중심으로 국난을 극복하는 길을 선택했고, 그 이상의 근대적 실천을 보여주지 못한 채 불가항력적인 패배에 직면했다. 물론 주체적 측면에서 '민에 의한 정치' 단계는 구상단계에서도 나타나지 않았다. 이 당시 민이 선택한 보국의 비책은 과거 민국 시대의 경험을 바탕으로 군주와 민의 공공성 창출기제를 재복원하고, 강화하고자 했던 것으로 보여진다.

전주화약 이후 집강소를 설치하고 폐정개혁을 실시하던 농민군은 일본군이 경복궁을 불법적으로 침입하였다는 변란(6월 21일) 소식을 접하자마자 7월부터 재차 봉기를 준비한다. 공주 인근에서 잇따라 봉기한 농민군들은 '보국안민', '척화거의(斥化擧義)',[92] '토왜보국(討倭報國)'[93] 등의 기치를 내걸었다. 농민군에게는 당면한 국가적 사활의 문제, 이른바 경복궁 불법 점령 사건으로 야기된 '국난' 극복이 봉기의 최우선적 목표였다. 따라서 필자는 동학농민군이 제기한 민본적 공공성은 '반봉건'이냐, '봉건'이냐의 이분법적 잣대로 판단할

민民의 나라, 조선

수 있는 것이 아니라 조선 후기 반봉건적 사상 동력을 기반으로 강한 교세를 확보하고 있던 동학도들과 이미 '왕의 국가', '양반의 국가'가 아닌 '자신들의 국가', '백성의 국가'를 자각한 농민군들이 반외세의 긴박한 필요성에 대응했던 시대사적 정황을 중심으로 이해할 필요가 있다고 본다. 주지하다시피 혁명적 개벽사상의 반봉건적 요소들은 일제의 강점과 더불어 독립을 위한 투쟁 속으로 잠복했고, 지속적인 독립무장투쟁으로 이어져 왔다.

5. 소결

　지금까지의 논의에서 확인된 내용들을 정리하면 다음과 같다. '민본사상'은 비단 조선 초기의 국가상 정립에 기여하는 것으로 그친 것이 아니라 조선시대 전반을 관통하는 국가공공성으로 기능하였다. 민의 도구적·수사적 활용 단계를 거쳐 18세기 '민국' 시대에 와서 민은 과거의 도구적·수사적 지위를 넘어 군주와 직면 대면하며 국가공공성을 창출하는 역할을 하였다. 19세기 세도정치기 국가공공성의 파탄 상황에서 민은 민본적 공공성의 창출을 위한 보다 적극적인 역할을 수행하였고, 직접 공공성 발현의 주체가 되었다. 조선 말기 민은 외세의 위압 앞에서 국가적 위기 상황을 돌파하기 위해 '보국안민', '척왜양'의 기치를 걸고 조선의 정치적 공공성의 전면에 등장했다.

　결론적으로 검토해야 할 과제는 과연 조선의 18세기를 관통하고 있는 '민국' 이념은 민에 의해 어느 정도까지 수용되었고, 나아가 근대 민주공화제적 해석으로까지 연결될 수 있는가? 하는 문제가 될 것이다. 이태진은 민란에 나선 사람들이 "민국의 시대에 대한 강한 희구를 가지고 있었다."[94]고 밝히며, 민국이 19세기 민란의 동력이 되었다고 설명한다. 이 해석을 민본적 공공성의 차원으로 연결한다면 맥락적으로 크게 무리는 없어 보인다. 민압에 의한 결과였던

지, 군주의 혁명적 방책이었던지 '민국'은 단순한 수사적 담론을 넘어 민을 실체로 인정하고, 민을 향한 다수의 정책을 관철시켰다. 이것이 영정조기 국가공공성을 견지할 수 있었던 동력이었다.

그러나 18세기 '민국' 이념을 서구 민주주의의 맥락으로까지 확장하는 것은 무리다. 이태진은 "유교 정치사상의 근대적 지향이라고 규정해야 할 민국이념이 서양 민주주의 정치사상이 소개되기 전에 이미 성립하고 있었다는 것은 주목할만한 일이라 하지 않을 수 없다."고 하며, 민국이념의 민주주의적 성격을 강조한다.[95] 앞서 살펴본 바와 같이 민국이념에는 분명 서구의 절대군주정과 비교해 보았을 때, 근대적 지향으로 볼 수 있는 계몽군주정의 요소들이 확연하게 나타난다. 그러나 이를 확대 해석하여 '민국' 이념을 '민에 의한 정치(민주주의)' 단계로까지 연결하기는 어려워 보인다. '민국정체'의 실천적 함의를 정치문화적 규범화 맥락에서 반추해 본다면, 자그마치 1세기 동안 왕과 소민의 교감을 바탕으로 정치적 공공성을 구현했던 경험이 축적되었고, 그 규범이 19세기로 이어져 왕을 향한 '충군', 국가공공성을 저해하는 탐관오리 척결의 동력으로 모아졌을 것이다. 이런 맥락에서 본다면, 조선은 '민의 나라', 즉 국체로서 신분제를 타파해가는 '민의 나라'였다고 할 수 있지만, 정체로서 '민에 의한 나라'로까지 발화하지는 못했다.

'민국'이 국가 자체를 나타내는 용어와 등치되었다는 것은 곧 국가공공성의 핵심이 '민국' 이념에 있었고, 그 실체가 '민'이었다는 반증이라고 볼 수 있다. 이 '민국' 이념의 민본관은 조선 초기에 제기된 '적자론'이나 '보민론'에서의 추상적 '민'과 달리 민본주의적 공공성의 구체적, 실체적 구현임에 틀림없다. 이렇게 본다면, 18세기

'민국' 이념을 통해 중요하게 확인할 수 있는 사항은 그동안 수사적 차원에서 제기되고 있던 민본적 공공성으로부터의 전환, 즉 붕당의 당파적 이익 추구에 대한 반대급부로 영·정조가 공공성 발현의 중요한 실체로 '민'을 택하여 국가적 공공성 창출의 구조를 전환하고자 했다는 점이다. 이 "민국론의 역사적 혁명성은 나라의 주권자집단에서 사대부('家')를 제거한 것"[96]에서 찾을 수 있다. 그리고 민본적 국가공공성으로 '민'의 중요성을 실체적으로 구현한 것이 또 다른 의의가 될 수 있다. 또한 18세기 이 민국정체는 서양의 '절대군주정'과 유사한 단계가 아니라 한 단계 더 진전된 근대적 지향으로까지 해석할 수 있다. 상술했듯이 "서양의 절대군주정은 소민(상민과 천민)을 대변한 것이 아니라, 봉건귀족과 농촌젠트리를 대변"하는 것이었다. 사대부를 대변했던 중앙집권적 초기 조선국이 이 '절대군주정'에 부합하는 정체라고 본다면, 민국시대의 정체는 서구의 절대군주정 보다 훨씬 더 근대적 지향이 드러나 있다.[97]

그러나 이 민국정체는 '민에 의한 정치'로까지 나아가지는 못했다. 일본의 강점이 없었다면 민의 요구가 새로운 정체를 위한 공화제적, 민주적 요구로 전환되었을지 여부까지 예단할 수는 없다. 다만, 확인 가능한 사실은 조선시대를 관통한 민본적 공공성이 19세기 말까지 강력한 영향력을 행사했다는 점이다. 18세기 민국정체를 통해 민본의 실체가 정치적으로 전면에 등장하였고, 그 저변에서 민중들의 사상적 동력으로 작용하고 있었을 것이다. 그 흐름이 분출되어 나온 시기가 조선의 19세기였다.

민民의 나라, 조선

제3장
조선시대 민(民)의 영역에 대한 재조명

1. 근대적 인민을 위한 예비 고찰

앞선 논의의 연장선에서 제3장에서는 조선시대 민의 영역을 두 가지 맥락에서 검토하고자 한다. 하나는 미시사적 접근으로 18세기 이후 본격화된 봉건적 신분질서의 균열이 향촌사회에서는 어떠한 방식으로 나타났고, 민의 영역이 어떻게 변모해 나갔는지를 살피는 것이다. 다른 하나는 과연 조선 민중의 삶을 이끌고 결집시킬 수 있었던 민의 이념이 어떠한 내용과 방식으로 민의 영역에서 발현되었는지를 살피는 것이다. 두 맥락의 검토가 성공적으로 진행된다면, 우리는 최소한 18세기를 전후하여 나타나는 조선의 전환기적 양상들, 즉 신분제 질서의 균열상, 향촌의 지배질서 변화, 민이 정치적 주체로 성장한 배경과 구조 등에 대한 윤곽을 보다 구체적으로 접할 수 있게 될 것이다. 앞선 제2장의 논의축이 국가와 민의 상관성을 중심으로 하고 있다면, 이 장에서는 주로 민의 영역을 대상으로 한다. 현대적 개념틀로 본다면, '국가' 차원이라기보다는 '시민사회' 영역에서 논구되어야 할 문제들을 다루는 것이다.

우리 사회에서 시민사회 논의는 1987년 6월 민주화 이행기를 거치며 활성화되었다. 당초 시민사회론은 한국적 기원과 형성에 대한 관심보다는 1980년대 후반~1990년대 초반 새로운 진보적 패러다임을 위한 만능키로 여겨졌다. 특히 한국 민주주의의 공고화를 위한다는 명목으로 하버마스(J. Habermas)나 그람시(A. Gramsci) 등의 서구 진보적 시민사회론이 각광 받았고, 이 논의들을 한국적 맥락에 부합하도록 해석·적용하는 연구들이 주를 이루었다.[1] 반면, 한국 근·현대사와 관련한 시민사회 연구가 풍부한 논점을 가지고 확산되지는 못했지만 일각에서는 한국적 시민사회의 형성을 설명하려는 시도가 이어졌다. 그 연구 성과들을 일별해 보면, '계급이론적 차원의 접근'[2] 또는 '자유', '권리', '국민'과 같은 서구 근대정치 개념의 한국적 '수용' 또는 '대입'에 관한 논의들이 대표적이다.[3] 물론 서구와의 비교 맥락에서 한국사회에 근대 서구 시민사회 개념을 충족시킬 수 있는 여지들이 부족하다는 견해들도 다수 제출되었다.[4] 한국의 근·현대사와 관련하여 '일제강점기 하에서 종교계와 민족운동 진영 등의 시민단체 활동'과 같이 식민시기 결사체 활동에 대한 논의들도 제기되었다.[5]

그러나 그동안 대부분의 시민사회론자들은 서구의 계급이론적 시각으로 조선시대를 제단하려고 시도하거나 '왕의 목을 친 근대혁명' 또는 '시민혁명의 전통'이 없다는 단정 하에 한국 정치사회에 서구적 근대제도가 이식되었다는 것을 당연하게 전제함으로써 한국 근현대사의 내재적 특성을 성공적으로 탐침해 들어가지 못했다. 대부분의 시민사회 논의들은 마치 불문율처럼 조선과의 단절을 전제하는 경향이 강했다. 조선정치의 내재적 차원에서 '시민사회'의 존재 여부를 근본적으로 문제삼은 것은 1991년 조혜인 교수의 '공민사회' 연구다.[6] 조선시대 국가로부터 자율적인 공민사회가 존재했다는 조혜인의 문제 제기 이후 스타인버그, 던컨(John Duncan) 등 한국학에 관심이 많은 서구학자들이 조선시대의 시민사회를 주제로 논쟁을 시작했다. 논쟁은 꽤 길게 이어져 왔는데, 이 논쟁의 후속작업으로 조혜인은 『공민사회의 동과 서: 개념의 뿌리』(2009), 『동에서 서로 퍼진 근대 공민사회』(2012) 등을 출간했고, 최근 김영민 교수가 「조선시대 시민사회론의 재검토」(2013)라는 논문을 통해 그 쟁점들을 정치학적으로 평가했다. 송호근 교수가 『인민의 탄생』(2013)을 출간하면서, 자율적 결사체를 중심으로 조선시대 근대 인민의 출현에 관한 새로운 시각을 제시하고자 시도했다. 필자도 「조선시대 '시민사회' 논쟁의 비판적 재검토」(2014)를 통해 이 일련의 논쟁을 정리하고, 관련 쟁점을 비판적으로 다룬 바 있다.[7]

서양의 근대가 국가(왕족)와 귀족이라는 전통적 지배층에 대해 서민들로 구성된 시민사회가 태동할 때 출현했다는 평범한 사실을 논외로 하더라도, '인민의 위상 변화'가 질적으로 새로운 시간대를 가져온다는 것은 동양에서도 적용되는 역사적 명제다. 사회학자인 송호근은 『인민의 탄생』에서 '개화기 인민'에 주목했다. 사회학적 맥락에서 조선의 근대적 인민을 제기하는 송 교수의 논지를 정리하면 다음과 같다. 그에게 '개화기 인민'은 "근세의 끝자락이자 새로운 시간대가 이어지는 지점에 놓인 인민"이다. 송호근은 이 개화기 인민을 '근대적 인민'으로 개념화할 수 있는 역사적 증거는 충분하다고 논변한다. "모든 인민이 다 그랬던 것도 아니고, 시민사회의 속성을 충분히 갖추지도 않았지만, 봉건체제로는 도저히 감당하지 못하는 질적으로 새로운 조직이 태어난 시간대였기 때문이다. 자발적 결사체(voluntary association)가 그것을 입증한다." 실제 조선시대에 이 자발적 결사체에 버금가는 조직들이 존재했다. 향촌에 산재했던 동계(洞

契), 송계(松契), 학계(學契) 등 촌계류(村契類)가 그것인데, 다만 이들 전통적 계 조직은 사적 이익과 연관된 채 공동체 범위를 벗어나지 못했고, 조선사회 전체의 보편적 이익과는 크게 관련은 없었다. 그런데『인민의 탄생』에 따르면, 1894년을 전후하여 생겨나기 시작한 자발적 결사체는 조선의 지배구조와 지배이념으로는 도저히 파악할 수 없는 자율적 조직이고, 사적 이해 관심과는 무관하게 국가적 차원의 공익과 명분에 기여하려는 목적을 향해 진군하는 특성을 보였다. 이런 조직을 스스로 결성하거나 자율적 참여가 권장되는 사회는 분명 근대 사회임에 틀림없다. 송호근은 '사회'라는 근대적 개념이 도입되지도 생겨나지도 않았던 당시 상황에서 자발적 결사체가 결성되었다는 사실은, 당시의 인민은 통치대상으로서의 인민이 아니라 주체로서의 인민, 즉 근대적 인민이었음을 말해 준다고 지적한다.[8]

'자발적 결사체' 개념을 통해 송호근은 1894년을 '근대적 인민의 출현기'로 파악한다. "1860~94년 사이는 인민들이 기존의 봉건제적 질서에서 떨어져 나와 개별화되는 기간이다. 이 형성단계에는 인천구락부(1891), 독립구락부(1894)라는 2개의 자발적 결사체 결성이 확인된다. 1894년 이후에는 자발적 결사체 출현이 가파르게 증가한다. 독립협회가 결성된 1896년에 6개, 1898년 9개, 1904년 11개, 을사늑약이 체결된 1905년을 기점으로 1905년 19개, 1906년 33개, 1907년 79개, 1908년 81개로 급증한다." 송호근은 "1894년 이후 자발적 결사체가 급증하는 현상이 '인민의 분화·동원'을 입증하는 증거로 충분하다."고 재차 강조한다.[9] 한국 근대화의 징표를 자발적 결사체를 통해 제시하고자 하는 이 주장은 '식민지근대화론'에서 전제

民民의 나라, 조선

하는 일제강점기 이전 조선의 19세기는 '자멸의 세기'였다는 대전제와 배치된다는 점에서 흥미롭다. 1860년대를 근대의 형성단계로 규정하는 것은 분명 조선 내적으로 근대화의 중요한 흐름과 실체가 형성되어 왔음을 강조하고자 하는 시도다.

그렇다면, 근대 인민이 출현하게 된 계기와 동력은 무엇인가? 송호근에 따르면, 이 자발적 결사체를 조직하고, 한국의 근대를 추동한 인민은 "지식국가의 통치의 삼중구조('종교적 의례', '향촌지배', '교육'을 말함-필자)가 약화되자 얼떨결에 낯선 미지의 세계로 나선" 우연적 계기에 의해 출현한 인민이다. 조선의 지배계급은 19세기 후반까지 유교적 이상국가라는 초기의 목표를 버리지 않았으며, 인민 대중 역시 그것을 대체할 수 있는 근대적 형태의 어떤 것도 기획하지 못했다.[10] 송호근은 아예 '기획할 능력이 없었다'고 단언한다. 이 인민들이 농업 생산력의 발전, 장시 형성, 신분제의 이완, 상공업의 발달 등 내적 변동의 요인들이 제공하는 예기치 못했던 길을 따라 서서히 유교 정치의 바깥으로 걸어 나왔다는 것이다. "애민과 외민, 천심과 천도라는 이 근사한 수사에도 불구하고 인민은 한 번도 권력과 통치의 주체가 되어 본 적이 없었다. 조선의 역사는 군주와 사대부로 구성된 지배집단의 역사였으며, 인민은 그 통치권력에 의해 피조(彼造)되는 대상, 또는 통치권력을 정당화할 때 필요한 객체에 지나지 않았다."[11]

필자가 보기에는 오히려 통치의 객체적 차원을 돌파해 나올 수 있는 에토스는 유럽에 비해 '민유방본'으로 대표되는 동양적 정치관에서 찾는 것이 더 용이해 보인다. 송호근 스스로도 얼핏 언급해 놓은 바와 같이 "인민이 통치의 객체라는 점은 유교 문화권과 유럽 봉건사회에서도 마찬가지"였기 때문이다. 그동안 조선의 유교정치에 대한 피상적인 이해를 바탕으로 한 획일적 견해들이 난무했다. 송호근 역시 이러한 맥락에서 '인민을 근본으로 삼아' 인민 위에 군림하는 것이 유교정치의 본질이라고 파악한다.[12] 그러나 조선의 이 유교정치관이 갖는 에토스는 이중적 맥락에서 검토될 필요가 있다. 그 하나는 조혜인이 지적한 바와 같이 "오해된 동양적 전제주의"라는 편견의 실체적 내용을 구성하는 — 성리학적 지배질서로 대표되는 — 조선의 통치 이념으로서의 유교정치다. 또 다른 하나는 아래로부터 민의 삶과 종교, 가치관 속에 자리하고, 오랜 기간 조선의 민과 함께 호흡해 온 또 다른 해방적 유학정치관, 즉 '대동사상'의 흐름이 그것이다. 민의 출현은 여타의 구조적 변화에 따른 '우연적' 계기로부터 비롯된 측면이 분명 존재한다. 그러나 이 우연적 계기를 추동해 낸 민의 이념적 동력이 없었다면, 이 우연적 계기는 제대로 포착되지 못했을 것이다. 필자는 지배이념과 다른 차원에서 민의 영역을 관통하는 장구한 흐름과 내용이 존재해 왔음을 밝히고자 한다. 조선시대 민의 결사체 영역을 관통한 이념의 정수는 '대동·개벽사상'이었다. 그리고 여기에 당시의 이상사회론, 참위사상 등이 결합되어 때로는 민의 종교적 희원으로, 때로는 저항의 동력으로 기능해 왔다. 자발적 결사체의 사상적 동력에 대해서는 제3장의 4에서 후술하기로 하고, 이하에서는 조선시대 '시민사회'를 둘러싼 논쟁을 검토하고, 이를 바탕으로 조선의 18세기, 19세기 향촌을 중심으로 한 민의 영역의 재구조화와 더불어 민의 영역을 관통해 온 이념적·사상적 흐름을 검토해보고자 한다.

2. 조선시대 '시민사회' 논쟁의 쟁점

1) 조선시대 '시민사회' 논쟁

조선의 '시민사회' 논쟁에 대한 본격적인 검토에 앞서 짚고 넘어갈 문제가 있다. 조선시대를 분석하는 중요한 분석틀로 '시민사회' 개념이 적절한지 여부가 그것이다. 물론 김영민 교수의 지적처럼, 시민사회 개념을 일정 정도 조선시대에 부합하도록 확장적 맥락에서 활용하는 것이 조선정치사 분석에 유용하다면, 이러한 활용을 굳이 문제삼을 필요는 없을 것이다. "이를테면 부르주아의 정치적 파워의 성장을 반영한 민주적 결사 영역과 같은 시민사회의 관습적 정의를 기계적으로 받아들여 조선에 부르주아가 존재했느냐고 묻기보다는, 부르주아와 비교의 맥락을 형성할 수 있는 정치 행위자는 누가 있었는지를 물어야 한다. 그리고 그들이 국가권력에 순응했는지 저항했는지 이분법적으로 묻기 이전에, 정치 행위자의 정체성을 재구성하고 그들의 정체성이 허용하는 행동의 반경은 어떤 것이었는지를 묻는 것이 필요하다."[13] 그럼에도 불구하고 근대적 '시민'이 아직 출현하기 이전의 조선에 '시민사회' 개념을 적용하는 것이 타당한가에 대한 물음은 여전히 제기될 수 있다.[14] 이 오래된 논쟁에 휘말릴 경우 논지의 본말이 전도될 수 있기 때문에 이 책에서 '시민사회' 개념을 사용하는 맥락에 대해 미리 언급해 둘 필요가 있어 보인다. 조선시대를 둘러싼 기존 '시민사회' 논쟁을 다루는 경우 불가피하게 인용부호를 붙여 '시민사회'를 활용하되, 영역적 의미가 아닐 경우 이 책에서는 대부분 '결사체(association)'개념을 활용하고 있다.

결사체는 봉건적 질서가 근대로 전환하는 문을 개방시켜 주고, 지탱해주는 '경첩'의 역할을 했다. 송호근 교수가 자발적 결사체의 존재를 새로운 인민의 증거로 삼는 논거로 "결사체적 행동(associational activity)을 시민성(civicness)의 준거로 삼은 토크빌(Alexis de Tocqueville), 직능단체들을 대표하는 조합들(corporations)에 주목한 헤겔, 직업집단(occupational groups)의 역할에 주목한 뒤르켐(Emile Durkheim)" 등을 거론한 바와 같이 결사체를 중심으로 근대적 전환을 설명하는 이론적 배경은 풍부하다.[15] 워렌(Warren)의 결사체 개념에 따르면, 결사체는 '국가로부터 자율적이면서, 결속력을 갖고 사회적·공적 역할을 하는 (사적)결사체'에 부합하는 가족이나 친구집단과 같은 제1차 결사체는 물론 시민단체, 스포츠클럽, 종교단체와 같은 제2차 결사체를 포괄한다. 이 제2차 결사체에는 이익집단이나 전문가집단이 속하기도 한다. 또한 결사체는 구성원들이 공유된 목표, 규범, 문화적 유사성, 구성원들의 자발적 노력에 의한 목표달성 등을 특징으로 한다.[16] 조선시대 민의 영역을 검토하는 데 있어 이 '결사체' 개념을 사용하려는 이유는 공적·사적 영역을 넘나드는 결사체의 특성과 양반사회 뿐만 아니라 각종 '계(契)'나 동학의 '접'과 '포'와 같은 단위 등 민의 영역에서 확대되는 다양한 공동체들을 포괄하기에 적절한 개념이기 때문이다.[17]

'시민사회'를 '결사체' 개념으로 대체하여 사용할 경우 조선 전기 뿐만 아니라 삼국시대나 고려시대에도 결사체에 해당하는 조직체가 존재했기 때문에(가령 신라시대의 '화랑') 시대를 초월해 무한히 확장 가능한 무차별적 개념이라는 우려가 제기될 수 있을 것이다. 이전 시대와 비교해서 조선시대의 결사체는 다음과 같이 '주체의 문제', '국가의 성격', '경제 구조', '사상적 자율성' 등에서 차별성을 갖는다고 할 수 있다. 앞선 논의를 통해 필자는 이미 조선 초기에 중앙집권화된 국가 형성이 개시되었음을 제시한 바 있다. 즉 조선시대는 중앙집권의 수준에서 이전 시대와 구분되고, 왕권의 견제가 제도적으로 보장되는 정치원리, 능력을 중심으로 한 관료 충원 시스템을 바탕으로 관료제가 유지되고 있었으며, 18세기를 거치며 가산제와는 구분되는 상당한 경제적 변화 양상이 나타나고 있었다. 뿐만 아니라 '민국' 정체의 대두 이후 민의 정치적 의미와 신분계층성이 급격히 변동하고 있었다는 전제를 바탕으로 하는 것이다.

이제 조선시대 '시민사회'의 존재 여부를 둘러싼 논쟁을 본격적으로 살펴보자. 조혜인이 조선시대 '시민사회'의 존재를 '공민사회'로 제시한 직후 같은 저널(Korea Journal)에 스타인버그가 즉각 반론을 제기하면서 조선시대 '시민사회'의 존재 여부를 둘러싼 일련의 논쟁이 시작되었다.[18] 이미 1992년부터 조선의 정치사회에 주목해 온 던컨은 조혜인과 스타인버그의 논지를 각기 비판하며, 조선시대 시민사회 부재론에 대한 입장을 시장경제의 사회적 분화 과정을 중심으로 피력하였다.[19] 그 후 조혜인은 '유교적 정통주의를 들어 조선사회가 다원주의 사회가 아니기 때문에 공민사회가 존재할 수 없다'는 스타인버그의 주장에 "다원주의는 공민사회 개념의 본원적 요소가 전혀 아니"라고 반론을 제기하였다. 조혜인에 따르면 "다원주의는 근대 공민사회 개념이 사용되고 정립된 후 많은 시간이 흐른 후 그와는 다분히 상치되는 전통으로 출현한 개념"이다.[20] 최근 이 논쟁에 개입한 김영민 교수는 '시민사회'를 논구하는 역사학과 사회과학의 관점 차이를 분석적으로 검토하고, 보다 진전된 조선시대 시민사회의 이해를 위해서 '양반', '유교', '공사관념', '국가론'을 제대로 이해할 필요가 있다고 밝힌 바 있다.[21]

조선시대 '시민사회'의 존재 여부를 둘러싼 일련의 논쟁에서 확인된 쟁점은 다음과 같다. 첫째, 시민사회 개념 정의와 관련한 문제다. 조혜인은 "국가권력으로부터 자율적일 수 있는 공간이 해당 사회에 있느냐" 여부를 '시민사회' 정의의 핵심으로 삼는다.[22] 스타인버그는 "자율적이고 자발적이면서 공동의 관심사를 가지는 개인들의 사적 결사체이고 상당 기간 동안 자신들의 목적을 이루기 위해 함께 행동하며 집단 결속력을 유지하면서 정체(regime)의 교체가 아니라 사회적 또는 공적 정책의 변화를 꾀하는 조직"이라고 정의한다.[23] 이 두 개념 정의를 통해 확인할 수 있는 바는 조선시대 '시민사회'를 논구하기 위해서는 '국가로부터 자율적이면서, 결속력을 갖고 사회적·공적 역할을 하는 결사체'라는 조건을 충족시킬 수 있어야 한다는 점이다.

시민사회의 개념 정의와 관련해서는 이와 같이 일정한 합의가 가능해 보이지만, 조선시대에 자율적 영역이 존재했는지 여부를 둘러싼 두 번째 쟁점은 타협점을 찾기 어려워 보인다. '재야사림(士林, backwoods literati)'이 충분히 중앙정치권력에 대해 자율성을 유지하며, 정치사회적 견제 역할을 했다는 조혜인의 해석과 비록 자율적 측면이 일부 있다 하더라도 성리학이라는 지배이념의 강한 통제를 받았기 때문에 시민사회로 볼 수 없다는 스타인버그의 반론이 정면으로 충돌하였다. 던컨은 스타인버그의 주장을 지지하는 입장에 가깝다. "'사림'(양반)이 국가로부터 자율적이었거나 충분한 긴장을 유지했다고 보기 어렵고, 조선이 서구의 시장경제가 가져온 사회적 분화 과정을 겪지 못했기 때문에 시민사회가 존재한다고 보기 어렵다."는 것이다.[24] 스타인버그는 '다양성'을 시민사회의 중요한 특징으로 간주하는데, 그가 보기에 조선은 다양성이 존재하기 어려운 통제된 사회였다.[25] 이상의 논의에서 제기되는 쟁점은 조선이 완벽한 통제사회였는가의 문제가 남는다. 조혜인의 지적과 같이 던컨과 스타인버그의 견해가 '오해된 동양적 전제주의의 편견'이라면 몰라도 만일 그렇지 않다면 완벽히 통제된 조선에서 자율적 '시민사회' 영역을 운운하는 것은 적절치 않을 수 있기 때문이다.

조선시대 '시민사회' 논쟁이 근대적 전환기 해석과 관련하여 시사하는 바는 다음과 같다. 첫째, 조선시대의 '시민사회'를 논구하기 위한 명료한 개념적 합의가 필요하다는 점이다. 조혜인과 스타인버그의 개념 정의의 공통분모를 추출해 보면, 시민사회는 '국가로부터 자율적이면서, 결속력을 갖고 사회적·공적 역할을 하는 (사적)결사체'로 정의할 수 있다. 앞선 개념 정의에 따르면, '공민사회'를 조선의 시민사회로 간주한 조혜인의 분석은 주체적·시기적으로 확대될 필요가 있어 보인다. 이 개념정의에 비추어 볼 때, 조선시대 '시민사회'의 주체를 군이 '공민'으로 제한할 필요가 없기 때문이다. 더군다나 18세기 이후 다양한 신분적 변동이 진행된 조선 후기 '민'의 결사체 영역까지 시민사회의 범주로 포착할 수 있기 때문에, 조선의 '시민사회'를 '재야사림'을 주체로 한 '공민사회'로 제시하는 것은, 제한적 공민사회로 조선의 시민사회 전체를 과대 대표하는 셈이 된다. 둘째, 조선사회가 성리학적 지배이념으로 완벽하게 통제된 사회였는지 여부다. 이는 국가로부터 자율적인 영역이 존재했는지에 대한 실체적 내용에 관한 것이다. 통치이념으로서의 성리학적 이념으로부터 자율적인 사상적 분기가 일어났고, 성리학적 지배이념으로부터 자율성을 갖는 민의 이념적 지향이 존재했는지를 검토할 필요가 있다는 말이다. 조선의 민은 분명 성리학적 지배이념과 다른 해방적 이념의 토대 위에 존재했을 뿐만 아니라 이미 16세기경부터 성리학 중심의 지배이념과 궤를 달리하는 사상적 분기가 진행되었다. 조선 후기에 접어들수록, 이러한 흐름은 상당히 광범위한 양상으로 확대되었다.

2) 조선시대 '시민사회'의 주체 문제

주지하듯이 '시민사회' 개념은 근대화의 산물이다. '시민사회의 태동'은 서양과 동양에서 통용되는 근대의 출발이다.[26] 근대화는 정치, 경제, 사회, 문화 등 다양한 영역의 상호 유기적 연관 속에서 관철되어 왔다. 특정 시점에 일제히 '근대'가 개시된 것이 아니듯이 근대화는 전근대적 요소들과 상당 기간 혼재된 채 과도기적 양상을 거쳐왔다. '시민사회' 개념 역시 이러한 시대사적 맥락을 반영하고 있다. '근대' 시민사회의 전통을 '중세'의 '길드(guild)'로부터 찾고 있는 시도가 이러한 근대적 전환기의 과도기적 특성을 반영하는 것이다.[27] 또한 시민사회의 어원적 뿌리를 찾기 위하여 societas civilis까지 거슬러 올라가기도 하고, 고대 그리스의 polis로부터 그 원형을 거론하기도 한다.[28]

다른 한편, 시민사회의 주체와 관련해서도 이러한 과도기적 시대상을 주목할 필요가 있다. 시민사회의 주체는 표면상 '사인(私人)'이냐, '공민(公民)'이냐의 문제로 드러난다. 이는 곧 시민사회를 사적 영역으로 이해하느냐, 공적 영역으로 이해하느냐 여부와 관련된 것이기도 하다. 헤겔은 각각의 영역에서의 주체를 다음과 같이 구분한다. 즉 가족에서는 가족원, 시민사회에서는 '시민(Bürger)', 정치적 국가에서는 '공민(Staatsbürger)'이 그 주체들이다. 헤겔의 '시민사회(bürgerliche Gesellschaft)'는 개인적인 요구와 이익이 타인과의 관계를 지배하는 인간의 사회적 삶의 국면을 나타낸다. 녹스(Knox)는 헤겔의 시민사회 주체를 개인적인 요구와 이익, 즉 사적 요구를 추구하는 부르주아지라고 정의한다. 녹스에 따르면, "(헤겔의-인용자) 시민사회를 움직이고 있는 것은 개인주의와 이기심이며, 시민은 엄격한 의미에서 그 자신의 행복을 위한 수단으로서 타인과 관계를 맺는 사람이다."[29] "이것은 경제적 생활영역이며, 그 사회의 조화는 정치경제학의 법칙으로 표현되고, 그 사회의 내용은 이기적 목적의 추구이다."[30] 헤겔의 이 '시민사회(bürgerliche Gesellschaft)' 개념은 오늘날 공적 영역을 구성하는 시민사회(Zivilgesellschaft 또는 Zivile Gesellschaft)와 구분되는 사적 영역을 지칭한다.[31]

시민사회의 주체와 관련한 '사인(bourgeois)'과 '공민(citoyen)'의 구분은 중요한 차이를 야기한다. Civil이 Bürger(bourgeois)와 Staatsbürger(citoyen)의 양의적 의미를 갖기 때문에, Civil Society는 bürgerliche Gesellschaft와 Zivilgesellschaft 또는 Zivile Gesellschaft의 두 가지 개념적 의미를 내포한다. 부르주아지가 사적 이해에 입각하여 사회 속에서 생활하는 '사인(私人)'을 지칭한다면, '공민(公民)'은 국가의 일반적 이해에 입각하여 정치사회 속에서 공적 생활을

영위하는 정치적 양식을 지닌 구성원을 지칭한다. 조혜인이 포착하고 있는 조선시대 '재야사림'을 주체로 한 공민사회가 바로 이 후자에 해당한다고 할 수 있다. 조혜인은 civil society를 '공민사회'로 번역하는 것이 civil society의 의미에 부합한다고 단언한다. "아리스토텔레스의 koinonia ploitike, 즉 'polis적 공동체'를 키케로가 societas civilis, 즉 'civitas적 사회'로 번역할 때, 그리스어 polis와 라틴어 civitas는 당연히 둘 다 정확히 국가 또는 국민 내지 '공민'을 의미하는 말로 대응"[32]시키고 있기 때문에, civil society를 '시민사회' 대신 '공민사회'로 번역하는 것이 바람직하다는 것이다. '공민'이 공적인 개념을 더 많이 담고 있고, 시민이라는 개념은 도시라는 공간에 결박되어 있다는 이러한 개념 접근에 대해, 정상호는 "이 '공민사회' 주장은 인민들의 투쟁, 치자와 피치자 간에 역동적으로 만들어지는 역사를 간과하고 있다."고 비판한 바 있다.[33]

'재야사림'을 국가로부터 자율성을 갖는 조선시대 '공민사회'의 주체로 파악하는 것과 이 '공민사회'가 곧 조선시대의 '결사체 영역'이 갖는 근대적 함의까지 대표할 수 있는가는 또 다른 차원의 문제다. 민이 정치사회의 주체가 될 수 있는 권리적, 제도적 또는 현실적 미성숙 단계에서 공적 영역으로만 자율적 결사체를 개념화 할 경우 18세기 이후 조선에서 확장되는 ('재야사림'이 아닌) '민'의 자발적 결사체들은 이 '공민사회' 범주로 포착될 수 없다. 이 문제는 근대적 전환기라는 맥락에서 중요한 논점을 내재하는 것이기도 하다. 재야사림의 공민사회가 활성화된 시기는 조선의 16~17세기 중반이다. 아직 조선에 신분제적 질서가 견고하게 유지되고 있는 상황이다.

마르크스(Marx)가 헤겔(Hegel)의 '신분제 의회'를 중세적 딜레마

민民의 나라, 조선

에서 헤어 나오지 못하는 것으로 비판한 맥락의 핵심, 즉 '신분제체계'와 '대의제체계'를 구분했던 비판의 핵심을 견지하며 위 문제를 검토해 보자.[34] 18세기 민의 자발적 결사체는 아직 근대적 대의제체계로까지 발전하지 못한 상황인 반면, 공민사회는 신분제적 질서 위에 서 있는 일종의 봉건질서의 정치적의 파트너였다는 점이 이 두 영역의 결정적 차이다. 두 영역의 충돌은 필연적이며, 조선의 18세기 민국정체는 국가공공성의 주체로 재야사림이 아닌 '민'을 차출했다. 16세기 '공민사회'와 18세기 이후 민의 '자발적 결사체'는 완전히 시대사적으로 결이 다른 영역적 특성을 갖는 것이다. 비록 '민'이 대의적 질서를 완비한 주체이지는 못했으나 신분제 질서로는 절대 포착할 수 없는 주체라는 말이다. 이러한 맥락의 고려 없이 공민사회의 범주를 "국가의 권력으로부터 자율적일 수 있는 공간이 해당 사회에 있느냐 여부"[35]로만 이해하는 것은 이 공민사회가 근대적 전환기에 그 영향력이 소멸해가는 신분제적 질서에 터한 영역이라는 사실을 간과하는 것이다.

다른 한편으로 국가로부터의 자율성을 핵심으로 삼는다면, 굳이 민의 자발적 결사체가 조혜인의 이 '시민사회' 범주에서 제외될 이유는 더욱 없어진다. 오히려 '공민'이라는 주체적 제한으로 인해 '공민사회'는 시기적·주체적으로 18세기 조선의 정치사회적 변동을 반영하지 못하고, 결과적으로 16~17세기 붕당정치기에 한정된 접근으로 귀결되는 한계를 가지고 있다. 18세기 이후 이 '공민사회'는 이전에 비해 그 정치적 영향력이 현저히 약화되었을 뿐만 아니라 거의 균열상태에 이를 정도의 내부적 변화를 보이고 있기 때문이다.

앞서 살펴본 스타인버그의 시민사회 개념은 "자율적이고 자발적인 공동의 관심사를 가지는 개인들의 사적 결사체"이자 "공동의 목적을 달성하기 위해 행동하며 공적정책의 변화를 꾀하는 조직"이기 때문에 '사인'과 '공민'의 영역을 포괄하는데 있어 상대적으로 용이하다. 즉, 조선사회 민의 자발적 결사체 영역까지를 포괄할 수 있는 확장적이고, 유연한 개념 정의가 되는 것이다. 그러나 스타인버그는 '순종(conformity)'과 '정통(orthodoxy)'이 팽배한 조선사회라는 편견에 사로잡혀 있기 때문에, 조선사회를 기본적으로 정해진 틀을 벗어날 수 없는 통제된 사회로만 해석한다는 점에서 문제가 있다.[36] 스타인버그의 단편적 이해와 달리 18세기 조선의 정치사회는 '민국' 이념이 본격 대두되었을 뿐만 아니라 사회적으로 양반 중심의 신분질서가 무너지기 시작한 중요한 변동기였다. 근래 역사학에서는 이 시기에 사족(士族) 중심의 향촌(鄕村) 지배체제가 새로 신분을 향상시킨 향임층(鄕任層)으로부터 도전을 받았다던가, 정치적으로 군주들이 전제적인 성향을 보이면서 사대부보다 민을 더 의식하기 시작하였다는 견해들을 충실한 사료로 제시하고 있다. 18세기 민은 신분상승의 동향과 함께 사회적 입지에도 적지 않은 변화를 일으키고 있었다. 18세기 향촌사회는 지주제와 신분제, 국가의 군현제적 향촌통제책과 공동체적 질서의 변화가 강하게 나타난다.[37] 준양반의 지위를 획득한 부류는 각기의 지위에 걸맞는 사회적 역할을 추구하고 있었다.[38] 물론 사상적 측면에서도 '순종'과 '정통'이라는 획일성은 조선의 18세기와 거리가 멀다.

3. 조선의 18세기와 자발적 결사체

1) '공민사회' 범주의 확장 필요성

　조선시대 공민사회의 존재를 강력하게 제기한 조혜인은 사대부 사회를 한마디로 "선비가 공론의 과정을 통하여 아래로부터 이끌어가던 사회"로 정리한다. "재야 사대부들은 서원, 향청 외에도 각종 향약과 실로 다양한 차원의 계 등 흔히 공동체를 지향하는 결사체 조직에 기반을 두고 정부 밖 '향촌사회'의 자치를 이끌고 있었다. …… 선비의 일부는 조정으로 진출하여 정부를 운영하는 담당 집단이 되었다. 이들의 관료집단은 …… 스승과 동문으로부터 발해지는 공론에 입각하여 아래서 위로 이어지는 정치 과정을 정부 내에서 이끌었다." '사림'은 정치사회 영역에서 이들 전초집단을 통해서 뿐만 아니라 '상소'라는 일상적인 상향적 교신활동을 통하여 정부 밖 사회로부터 시작하여 정부를 움직여가는 기둥이었다. 조혜인은 붕당을 "선비의 거국적인 내적 토의 과정에서 나누어지게 된 정치적 분립체"로 파악하고, 나아가 "오늘날의 정당에 해당하는 것"으로까지 그 의미를 확대하여 해석한다.[39]

　조선정치를 사림들에 의한 견제와 균형의 정체로 해석하고, '재야사림'을 공민사회의 주체로 해석하는 이 견해는 16~17세기 붕당정체기의 특성을 국가로부터 '자율적인' 영역에서 찾는다는 점에서 연구사적 의의가 있다. 조선 정치사회의 이 자율적 영역의 존재가 붕당정치기 군주와 사대부의 공치를 가능케 한 배경이기도 하다. 그러나 조선 정치사회 전반의 다층적 이해를 위한 관점에서 볼 때, 이 공민사회 해석은 재야사림이라는 한정된 주체의 측면에 구속될 필요가 없으며, 더불어 시기적·범주적으로도 확장될 필요가 있다. 첫째, 시기적으로 붕당정치의 폐해가 만연했던 17세기 후반의 조선은 사회적으로 신분구조상의 변동이 전개되기 시작했을 뿐만 아니라 18세기 영·정조를 중심으로 한 탕평정치와 민국정체가 주창되면서 '국체'의 변화가 초래되었다. '민국'은 '민유방본'을 적극적으로 구현하여 신분적으로 자유로운 '백성의 나라'를 향해 있었다. 이러한 변화를 반영하지 않고 조선의 정치사회를 사림정치로만 한정할 경우, 국가로부터 자율적인 결사체 영역이 확대되는 조선의 18세기 변화상을 포착하는데 한계를 가질 수 밖에 없다. 특히, 양반사회 내부의 변화는 공민사회의 주체로 지목된 '재야사림'의 변화와 직결된 문제이기도 하다. 18세기에 접어들어 향촌의 '향약'과 '서원' 중심의 사림정치가 퇴행하고, 민의 자율적 결사체가 확대되는 측면은 조선시대 정치사회 변화를 읽는 중요한 포인트가 된다.

다른 한편, 국가로부터 자율적인 결사체 영역을 '민의 영역'을 중심으로 검토하려는 이면에는 조선사회가 성리학적 지배이념이 일관되게 관철된 사회가 아니라 이념적으로도 이 지배질서와 구분되는 민의 자율적·해방적 흐름이 존재했기 때문이다. 조혜인은 조선사회를 "성리학이라는 이념이 분화된 국가와 공민사회의 경계를 넘어 그 모든 당사자들을 지배하면서 동시에 그들이 같이 받드는 그 이념 밑에서 그렇게 협력하도록 만들고 있었다."고 파악한다.[40] 이러한 이해는 조선 전체를 성리학적 지배가 일관되게 관철된 것으로 귀결

민民의 나라, 조선

시킴으로써 결국 스타인버그의 '순종·정통' 중심의 일원적 조선이해와 궤를 같이 하는 것이다. 이러한 획일적 통제사회로 조선을 해석할 경우 '자율적' 영역이란 내용상 공무를 담당하는 정부영역과 구분되는 비관료적 정치사회가 있는지 여부를 묻는 것에 불과하다.

이미 15세기말부터 시작된 민중신앙적·사상적 분기는 조선 통치권력의 기반이었던 성리학적 지배질서와 다른 궤적을 보여준다. 15세기 말에서 19세기 말엽까지 조선은 변화무쌍한 사상적 흐름이 아래로부터 분기하고 있었다. 실제 임진왜란과 병자호란의 대전란, 그리고 소빙기(1490~1760) 대기근의 지속, 15세기 말 연산군 때의 홍길동, 16세기 중후반 명종 때의 임걱정, 17세기 말엽 숙종 때의 장길산 등 의적들의 활동, 불만유생들의 광범한 산재, 각종 도참설적 이상사회론, 새로운 정치사상의 대두 등으로 조선의 왕권은 크게 동요했다.[41] 18세기 신분적 변동의 토대 위에 '문해인민(文解人民, literate people)'을 양성하는 서당의 기능 강화로 이런 사상과 예언서들이 민의 영역에서 광범위하게 유포될 수 있었고, 때로 이 자발적 결사체가 직접적인 정치적 저항세력으로 등장하기도 했다는 사실에 주목할 필요가 있다.[42]

2) 18세기 향촌사회 구조 변화의 단면

17세기 말부터 18세기의 기간 동안 조선의 '향권(鄕權)'은 '향전(鄕戰)'이라 불릴만큼 치열한 신분적 각축의 과정에 있었다. '향전'이란 조선 후기 향촌사회에서 여러 세력들이 향권을 두고 벌이는 갈등을 의미하는 것으로, '전(戰)'으로 지칭할 정도였으니 그 치열한 갈등의 정도를 짐작할 수 있다. 『조선왕조실록』에 '향전(鄕戰)'이 처음 등장하는 것은 현종 1년(1660)이다.[43] 그 후 숙종 6년(1680)과 10년에 1번씩 향전에 관한 기록이 있다.[44] 실록에 향전에 관한 기록이 증가하는 것은 영조 1년(1725)이다. 영조 51년(1775)까지 향전에 관한 기록이 총 12회 등장한다. 정조 집권기 동안에는 5회, 순조 집권기에는 2회로 점차 줄고 그 이후에는 기록이 보이지 않는다. 이러한 일단의 추이를 살펴보기 위해서 재지 양반층으로서의 '유(儒)', '향(鄕)'에 주목할 필요가 있다.[45] 향촌사회의 기존 지배층인 '사족(士族)'의 후예로서 '유(儒)'(유림 儒林)에 도전하고 있던 '향(鄕)'(향품 鄕品)층이 조선 후기 향촌의 신분구조 변동을 이해하는 척도가 될 수 있기 때문이다. 재지의 지배신분층을 지칭하는 용어로서 '유향(儒鄕)' 또는 '유(儒)'와 '향(鄕)'이 사용되기 시작한 것은 17세기 이후고, 특히 18세기에 들어오면 거의 하나의 개념을 가진 용어로서 굳어져 사용된다. 16세기에는 사족(士族)과 양반(兩班)이 같이 쓰이는 가운데 주로 사족이 일반적으로 사용되고 있었던데 비해서, 이후의 시기에 들어와 사족이나 양반이란 용어가 지속적으로 쓰이는 가운데 그것과는 별개로 '유향'이 쓰였다는 사실은 향촌사회의 새로운 신분적 변동을 의미하는 것이라 할 수 있다.[46]

조혜인이 조선의 공민사회로 파악한 사림, 즉 재지지배층은 16세기 이래 향안을 중심으로 자신들의 결속을 강화하는 한편 향회 및 유향소를 매개로 향권을 장악하고 신분적 이해를 관철시켜 왔다. 물론 때로 관(官)(수령 守令)과의 갈등이 있거나 타협이 있을 수 있으나 이 신분적 권위는 거의 절대적인 것이었다. 향안(鄕案)에는 전직 조관(朝官)이나 관품(官品)을 가진 자만이 참여한 것이 아니라 부·모·처(父·母·妻) 삼향(三鄕)에 신분적 하자가 없는 자는 이들 향원(鄕員)들의 허락 하에 입록이 가능하였고, 그 폐쇄성은 국가의 사판(仕版)에 비할 바가 아니었다.[47]

그런데 18세기에 들어 이러한 향촌사회의 '유림'과 '향족'의 대립이 문제되기 시작한 것이다. '유림'은 향교나 서원을, 향족은 향소(향청)를 소거처로 하고 있었다. 『승정원일기』에 따르면, 이들 사이의 갈등을 중앙정부에서는 관권에 도전하는 행위 또는 탕평정국 하에서 당론을 조장하는 정치적 문제로 파악할 정도였다.[48] 영조 51년(1775) 3월 1일자 『조선왕조실록』에 따르면, 경기도사 박상갑을 포천에 정배하며 도신을 파직하고 '향전(鄕戰)'을 엄금하도록 했다는 기사가 있다.[49]

18세기에 들어와 유향은 재지 양반집단을 지칭하는 것이었고, 사족의 후예인 유림과 향족을 표현하는 것이었다. 그리고 그 내부에서는 여전히 자신의 과거와 관련하여 사족을 자처하는 일군의 집단도 중앙정계와 연계되고 있었던 세력과 함께 자신들을 그들과 구분하고 있었다. 전통적인 사족 내지 유림들은 향족 내지 향품이 자신들의 밑에 있어야 할 것으로 생각했다.[50] 영조 대에 '서얼허통'과, '서얼통청'을 확대하여 서얼의 국정 참여 수위를 대폭 높인 중앙정치의 영향으로 인해 향촌사회에서는 중요한 갈등이 초래되기도 하였다. 경상도의 서얼 유생 김성천 등 3천여 명이 서류를 통청한 후에도 향안에 등록하는 것을 허락하지 않는다는 상소를 올리자 영조가 그들의 뜻을 슬프게 여겨 특별히 비답을 내려 허락하자 채제공이 "영남의 향안(鄕案)은 방한(防限)이 매우 엄하여 비록 조정의 명령이 있더라도 영남 유생들은 반드시 순종하지 않을 것입니다. 이럴 즈음에 소란할 계제(階梯)가 생길까 염려됩니다."라고 아뢰었다.[51] 또한 '매향(賣鄕)' 또는 '매임(賣任)'으로 인한 신분 상승 계층이 발생하는 것이 문제로 불거졌다. 이 매향 문제는 단지 향촌사회의 문제만이 아니라 정조 4년(1780)에는 중앙정부 차원에서 정식으로 문제가 될 정도였다. 지역에 따라 사정은 조금씩 차이가 있었지만 경향적으로 조선 후기 향촌세력들의 위상 변화가 본격적으로 진행되었다. 일정한 부를 축적한 자들이 그 자신의 요구에 의해서, 또는 수령의 강요에 의해서 새롭게 참여하는 등 향촌의 지배구조가 이전과 질적으로 달라진 것이다.[52]

16, 17세기에 향촌사회의 지배신분층이었던 사족 양반은 향안을 매개로 하여 군현 단위로 결집해 있었으며, 그들은 향청 외에 향교와 서원 등 (향촌) 지배기구를 장악하고 있었다. 국가 역시 그들을 매개로 권력을 행사하였다. 17세기까지 유향이 병칭되는 경우는 드물었으나 18세기에 들어오면 '향'이 직임의 의미를 넘어 신분적 의미로까지 사용되기 시작하였다. 이 과정에서 신구세력의 갈등이 야기되지 않을 수 없었고, 각 세력 내부에서도 견해가 같았던 것은 아니다. 이러한 사실은 향촌사회에서 신분제적 사회 운영 원리가 붕괴되어 나가고 있었다는 점을 잘 보여주는 것이다.[53]

특히 19세기 '민장(民狀)'에 나타난 바에 따르면, 토지소유권의 일물일권적 성격이 강화된 사실이 확인되고 있다. 18세기의 전환기적 양상을 거쳐 19세기 향촌에서 토지소유권은 상당한 정도로 근대적 성격을 지니고 있었으며, 기존 신분제 원리의 영향으로부터 벗어나 있었다. 토지가 신분질서의 영향에서 벗어나 상품 가치를 지니게 되었고, 순전히 토지가(土地價)의 상승 차액을 얻고자 하는 목적에서 계약을 다시 무르는 '환퇴(還退)'가 용인되었다. 국가의 성리학적인 논리로써 토지 매매를 통한 이익 취득을 무조건 막을 수는 없었던 것이다. 불법적인 의도가 없고 명백한 문기가 증명되면 환퇴받을 수 있었고, 그 전답을 경작하든지 아니면 이매(移賣)하든지 하는 것은 국가가 관여할 수 있은 일이 아니었다.[54] 또한 19세기 개별 정소의 내용을 검토한 결과, 소작 그 자체도 하나의 계약행위로서 언제나 변경가능하고 또 명문화해야만 안전할 정도로 지주소작관계가 변모하였다.[55]

이상에서 살펴본 바와 같이 18~19세기 조선의 촌락사회는 크게 변모하고 있었다. 촌락사회는 기존의 사족지배체제의 틀을 벗고 관의 부세행정체제에 종속되어가는 가운데 그 자율성을 상실하고 있었음에도 불구하고 그 내부에서는 새로운 농민조직을 만들어 내거나 각 사회세력의 지향을 반영하는 각종 조직이 발달하기도 하였다. 촌락질서의 전면적 재편이 이루어지고 있었던 것이다.[56] 이 변화는 기존의 신분제적 질서의 균열을 초래했고, 그 변화는 점차 신분제적 질서와 다른 계약적 형태로 변모해갔다. 이러한 변화를 잉태한 것은 18세기 향촌사회의 구조 변화였다. 이같은 역사적 사실들은 조선시대의 결사체 영역을 재지사림의 공민사회로 한정할 것이 아니라 보다 확장적으로 적용할 필요성을 제기해주는 실체적 단면이라고 하겠다.

4. 조선 후기 자발적 결사체의 사상적 동력

1) 자발적 결사체의 사상적 동력

조혜인이 제시하는 서구 시민사회의 뿌리는 첫째, 유대기독교 전통에서 도출되는 선지자(prophets) 전통과 둘째, 시민보호(civil protection)를 가능케 하는 법 전통이다. 선지자들은 국가권력으로부터 권위를 도출하지 않는다. 선지자들은 국가라 하더라도 복종할 수밖에 없는 인민의 공통된 신념으로부터 그들의 권위를 도출한다. 이 공통의 신념이 그들에게 국가에 대항할 수 있는 권위를 제공한다. 대표적으로 미국과 같은 국가에서 시민사회가 이러한 신념의 공동체로부터 출발하였다.[57] 조혜인은 조선에서 이와 같은 인민의 공통된 신념에 기반한 자율성의 영역을 '재야사림'으로 지칭하고 있다.[58] 여기서 사림의 등장 배경과 결부된 역사적 해석의 문제를 일일이 논하기는 어렵다.[59] 조선의 정치·사회적 결사체를 이해하는 데 있어 가장 핵심적으로 거론되어야 할 쟁점으로 논의를 좁혀 보자. 자발적 결사를 가능하게 만든 사상적 흐름과 그 배경은 무엇인가? 물론 성리학이 조선시대 통치권력의 기저를 이루고 있기 때문에 강력한 영향력을 행사했다는 점은 부정할 수 없다.[60] 그러나 조선시대 전체를 성리학 일변도로만 볼 경우, 조선시대 자발적 결사체의 영역에 흐르는 다양한 사상적 분위기를 파악하지 못하게 된다. 그리고 민의 영역을 관통하는 이념적·사상적 흐름은 근대를 추동하는 동력이었다는 점에서 주목할 필요가 있다.

조선시대 시민사회론의 쟁점을 재검토하며, 기존 논의의 잠재적 문제점들을 제시한 김영민은 '양반'의 범주를 보다 다면적으로 고찰할 필요성을 제기하였다. 특히, 조선 후기의 경화사족과 재지사족의 정체성 차이, 기존에 포함되지 않던 계층들이 지속적으로 편입되어 심지어 '전국민의 양반화 현상'이라고 불리워진 현상 등을 반영해야 한다[61]는 주장은 18세기 이후 조선의 신분제적 변화상을 제대로 짚은 것이다. 이 문제가 자발적 결사체의 주체적 측면과 관련하여 중요하다면, '유교'에 대한 이해 문제는 자발적 결사체의 내적 동력과 결부하여 또 다른 중요성을 갖는다. 김영민은 '순종'과 '정통'으로 단순화한 스타인버그의 성리학적 이해를 범박한 유교 이해로 평가절하고, 유교라는 범주의 다양한 입장이 존재한다는 던컨의 입장은 타당하지만 조선 중기 이후 성리학이 조선 유교의 핵심적 흐름이었다는 점을 부정하기는 어렵다고 말한다.[62] 스타인버그의 범박한 유교 이해에 대한 비판에도 불구하고, 결과적으로 김영민 역시 조선 정치사회를 성리학 일변도로 해석하고 있다는 점에서 조혜인, 스타인버그 등과 크게 다르지 않은 일원적 정치사회관을 보여준다.

그러나 조선시대 성리학 전파의 전초기지라 할 수 있는 향촌의 서당만 보더라도 18세기부터 탈성리학적 흐름이 나타나고 있었다. 향촌사회에 성리학이 토착화되기 시작한 16세기나 사회문화적 변동으로 새로운 교육적 전망이 나타난 18세기 조선사회를 조망하는데 '서당'은 매우 유용한 분석 대상이다. 17세기 이후 대부분의 서원이나 향교가 제향의식에 몰두하여 강학활동이 상대적으로 침체되었던 데 반해, 시종일관 교육활동에 전념한 곳이 서당이다. 서당은 앞서 살펴본 18세기 향촌사회의 변화, 즉 향권과 관권 사이의 접점에 위치했고, 향촌통제력을 두고 향권과 관권이 충돌하고 조정되는 공간이기도 했다. 이러한 서당이 갖는 의미는 관학 체계에 대응하는 평민들의 교육기관으로써 문자해독력을 갖춘 인민, 즉 '문해인민'을 길러 내는 역할을 했다는 점에서 부각될 필요가 있다.[63] 이 문해인민의 등장은 국가와 지배계급의 공식 이데올로기에 대해 달리 사고할 수 있는 비판적 인식 능력을 가지는 능동적 인민의 등장을 의미하는 것이다. 또 다른 한편으로 나타나는 특이한 사실은 18세기 이후 강상윤리의 최후 보루가 되어야 할 서당의 훈장들이 모역이나 괘서의 주인공으로 자주 등장한다는 점이다. 놀랍게도 이미 16세기 말 『선조수정실록』 선조 22년(1589) 10월 1일자 기사에 나타난 정여립(鄭汝立) 사건에서도 "길삼봉(吉三峰)이 모주(謀主)이고 …… 중의연(義衍), 도사(道士) 지함두(池涵斗)가 서당(書堂)에 주재하여 함께 거처하며 모의하였습니다."와 같이 모의 장소가 서당이었다.

조선 후기의 사회구조적 변화를 통해 발생한 잔반층의 유민화로 고용훈장이 다수 발생했고, 이들은 당시 민간신앙이나 참위사상 등에 근거해 향촌민들의 불만을 결집하기도 하였다. 18세기 서당 교재로 탈명륜(脫明倫)적인 교재들도 등장했다. 중인계층이었던 장혼의 『아희원람(兒戲原覽)』 같은 경우가 대표적이다.[64] 『아희원람』은 1803년(순조 3) 간행한 아동교재로 사대부 중심의 『소학』류의 교재 형식을 과감히 허물어 버리고 민간 유희, 민속, 민담, 국속(國俗) 등 조선에 대한 새로운 역사인식 및 교육관을 드러낸 책이다.[65] 상업성을 목적으로 하는 방각본(坊刻本)으로 출판된 이 책은 우리의 역사와 풍속을 자세히 소개하여 아동들이 중국 중심의 문화관에서 벗어나도록 하고 있다는 점에서 특징적이다.

또한 18세기 서당에는 비사족(非士族) 계층의 참여가 확대된다. 서울과 도회지를 중심으로 하여 중인층이 적극적으로 참여한 것은 물론이고, 심지어는 노비의 서당 운영 사례도 나타난다. '소농층'이 서당 운영의 주체로 등장하기도 하였다. 조선시대 자율적 결사체의 한 흐름인 '계(契)'의 확산도 이러한 향촌사회의 변화를 추동하는 데 큰 역할을 했다. 이렇듯 18세기 후반 이래 사족집단의 향촌사회에 대한 지배력은 현저히 약화되고 있었으며, 그 결과 국가는 재지사족을 매개로 하는 종래의 지방정책에서 탈피하여 소농민과 촌락에 대한 직접 지배를 시도하게 되었다. '동계'의 변화 또는 새로운 응세조직(應稅組織)으로서의 군포계·호포계·보민계의 출현은 이와 같은 향촌사회 변동의 배경 하에서 이해될 수 있다.[66] '서당계'의 확산은 서당의 신분적 변화를 급속하게 한 배경이자 관권의 서당 개입을 약화시키는 배경이기도 하였다. 소농민들은 18세기 이후 지주제의 해체와 함께 서당 운영의 주도세력으로 등장하였다. 이앙법의 확산과 농기구 혁신, 수리시설 확충 등에 따른 생산력 향상과 소상품 생산 등이 전호의 경제적·인격적 자립기반이 되었다. 소농민층의 서당 교육 참여는 기존의 계 조직을 활용한 서당계의 활용도 한몫 하였다. 소농층의 경제적 난제를 극복하는 방안이 계조직이었다. 1755년 춘천 복중면에서 조직된 교영계(敎英契)는 학장을 모셔와 아이들을 가르치기 위한 목적을 갖는 대표적 서당계였다.[67]

당시 향촌에서 서당의 교육적 역할은 점차 확장되었고, 급기야 1호당 1명 이상의 자제가 서당에서 교육 받을 정도였다. 동학농민전쟁이 있기 약 7년여 전(1887) 비교적 사족의 지배력이 약했던 강원도 정선지역의 조사이기는 하지만 당시 상황을 이해하는 데 참고자료가 될 만하다. 정원군수로 부임한 오횡묵이 조사한 바에 따르면, 정선 읍내에서 실상이 파악되는 마을 2개동(95호)에 설치된 서당은 4개, 학동수는 110명에 달했다. 1호당 1명 이상의 학동이 서당에서 교육을 받고 있었다.[68]

영조가 서당의 '민란' 개입을 우려해 서당을 없애도록 지시[69]할 정도로 서당의 정치적 영향력은 상당했다. 정조 역시 서당을 "좌도(左道)로 대중을 현혹하는 부류"로 간주하고, 엄단을 지시할 정도였다.[70] 영조 대의 서당 훈장 곽처웅 사건(일명 '남원괘서' 사건)에서 확인된 '남사고(南師古)의 비결'에는 지배이념으로서의 성리학에 반하는 급진적인 내용이 담겨 있었다. "우리도 평민에 있을 날이 오래지 않을 것이다. 왕후 장상(王侯將相)이 어찌 종자가 있는가?"[71] 흥미로운 사실은 이런 모역이나 괘서의 주요 내용이 내용만 조금씩 바뀔 뿐 그 핵심은 반복하여 전해지고 있었다는 점이다. 괘서의 내용을 거슬러 올라가 그 뿌리를 추적하면 16세기 정여립까지 이어진다. 『선조수정실록』에 기록된 정여립의 '좌도'를 힐책하는 내용을 보면 정여립 사상의 일단을 추론해 볼 수 있다.

정여립은 일세를 하찮게 보아 안중에 완전한 사람이 없었다. 경전을 거짓 꾸미고 의리를 속여 논변이 바람이 날 정도로 잽싸서 당할 수가 없었다. 학도에게 늘 말하기를, "사마온공의 『통감』은 위(魏)로 기년(紀年)을 삼았으니 이것이 직필인데, 주자가 이를 비판했다. 대현의 소견이 각기 이렇게 다르니 나는 이해할 수 없는 바이다. 천하는

민民의 나라, 조선

공물(公物)인데 어찌 정해진 주인이 있겠는가? 요·순·우임금은 서로 전수하였으니, 성인이 아닌가?"(溫公通鑑以魏紀年 是直筆, 朱子非之. 大賢所見各異 吾所未解也. 天下公物 豈有定主? 堯·舜·禹相傳, 非聖人乎?)하고, 또 말하기를, "두 임금을 섬기지 않는다는 것은 왕촉이 한때 죽음에 임하여 한 말이지 성현의 통론은 아니다. 유하혜는 '어느 임금을 섬긴들 임금이 아니겠는가'라고 했고, 맹자는 제선왕에게도, 양혜왕에게도 왕도를 행하도록 권하였는데, 유하혜와 맹자는 성현이 아니었던가?" 했다.(不事二君 乃王蠋一時臨死之言, 非聖賢通論也. 柳下惠曰 '何事非君?' 孟子勸齊·梁行王道, 二子非聖賢乎?) 그의 언론의 패역이 이와 같았으나, 문도들은 "이전의 성인이 발명하지 못한 뜻을 확장한 것이다."라고 칭찬하면서, 조금이라도 어기거나 뜻을 달리하는 자가 있으면 곧 내쳐 욕을 보였다.[72]

이처럼 정여립은 '군신유의(君臣有義)'와 '불사이군(不事二君)'의 성리학적 통치이념을 비판했다. 그 비판의 핵심은 한 축으로는 공자의 '대동(大同)'사상을 바탕으로 한 '천하위공(天下爲公), 선현여능(選賢與能)'이었으며, 다른 한 축은 맹자의 '하사비군론(何事非君論)'에 근거한 것이었다. '하사비군(何事非君)'은 탕(蕩)임금의 신하 이윤(伊尹)의 말이다. 즉 성리학적 지배질서에 반하는 급진적 내용을 담고 있으되, 이 내용들은 일찍이 공맹사상의 근간을 이루던 내용들이었다. 이러한 내용은 조선의 민의 영역에서 시대에 따라 참위사상이나 개벽사상과 결합되었고, '남사고의 비결'과 같이 민의 영역에서 반복적으로 나타나고 있다.

놀랍게도 『주자대전』과 『주자어류』에는 '대동'에 대한 언급이 단한 차례도 나오지 않는다.[73] 조선의 통치 이념을 지배했던 주자학의 핵심에 '대동'이나 이상사회론에 대한 언급이 전무했는데도 대동의 핵심 내용이 곳곳에서 괘서의 내용으로, 또는 구전으로 활용되었다는 사실은 우연이라고 보기 어렵다. 이는 조선의 결사체 영역에 반성리학적·탈성리학적 흐름이 존재했다는 반증인 것이다. 이러한 일련의 내용들을 종합해 보건대, 조선시대 정치·사회적 결사체의 이념적 근간을 구성한 사상, 민중신앙적 요소들, 즉 '민의 이념'은 지배이념으로서의 성리학적 범주로는 포섭할 수 없는 질적으로 판이한 내용들을 중핵으로 하는 '해방사상'이었다.

2) 탈(脫)성리학적 사상의 흐름

조선 중기부터 왕조의 세습군주제에 도전하는 혁명적 정치사상과 신분제 혁파를 주창하며 평등한 세상을 꿈꾸었던 이상사회론 등이 대두되기 시작하였다. 그 내용은 정여립의 '선양론적(禪讓論的) 공화주의', 미륵사상의 '이상국가론', 『정감록(鄭鑑錄)』의 '말세론'과 '왕조개벽론', 서학의 '추대왕론' 등 다양하다. 이런 사상들과 신왕조 예언서들은 서당 보급이 보편화되고, 인쇄술이 발전하고, 향촌사회의 신분변동과 결합되면서 급속히 확산되었다. 18세기 신분구조의 변동으로 인한 잔반, 또는 평민 지식인들이 이러한 사상과 예언서를 전국적으로 유포시키는 매개 역할을 하였다. 특히, 정조 6년(1782) 11월에 발각된 '정감록역모사건'의 핵심주도자인 문인방 등의 경우 이미 어린 시절 한글본 『정감록』을 읽었고, 『정감록』을 본격적으로 활용하여 거사를 도모할 정도로 이 영향은 '실체적'이었다.[74]

정여립의 사상을 직접 접할 수 있는 기록은 거의 전해지지 않고 있다. 그나마 남아 있는 자료들은 그를 고변한 반대파들이 역모와 동인 대학살극에 대한 보다 확실한 증거로 남기기 위하여 후에 새로이 기록한 수정실록이나 상소문 등의 내용에서 간접적으로 추론하는 정도에 불과하다.[75] 정여립의 '공화주의' 사상이 갖는 실체는 '기축사화'(1589)를 통해 확인할 수 있는 것이 대부분이다. '기축사화'는 3년(1589~91) 동안 1,000여 명의 선비를 '집단학살'한 조선조 최대사화였다. 죄목은 정여립이 '천하공물(天下公物)'론과 왕위선양제의 대동이념을 표방하며 반상차별 없는 '대동계(大同契)'를 조직하고, '목자망전읍흥(木子亡奠邑興)'의 역성혁명적 정씨왕조론과 '전주왕기설(全州王氣說)'의 참언을 퍼트려, 조선왕조를 무너뜨리려는 모반을 꾀했다는 것이다. 『선조수정실록』에 따르면, "이보다 앞서 1백여 년 전에, 민간에 '목자망전읍흥(木子亡奠邑興)'의 참언이 있었다."고 하고 있다. 따라서 정여립은 이 참언을 지어낸 자가 아니라, 구전되던 참언을 활용한 자로 보는 것이 맞을 것이다. 또 실록은 "연산현(連山縣) 계룡산 개태사(開泰寺) 터는 곧 후대에 정씨(鄭氏)가 도읍할 곳이다."는 말도 "국초(國初) 이래로 있었던 참설(讖說)"이라고 쓰고 있다. 반면, 실록은 정여립의 수하 요승 의연(義衍)이 "'내가 요동에 있을 때에 조선을 바라보니 왕기(王氣)가 있었는데, 조선에 와서 살펴보니 왕기가 전주 동문(東門) 밖에 있었다'고 했는데, 이로 말미암아 '전주에 왕기가 있다'는 말이 원근에 전파되었다."고 하고 있다. 이것으로 보면, '전주왕기설'은 정여립측이 만든 것이다. 한편, 실록은 "해서(海西)에 떠도는 말이 자자했는데, '호남 전주지방에 성인이 일어나서 우리 백성을 구제할 것이다, 그때는 수륙(水陸)의 조례(皁隷, 노예)와 일족·이웃의 요역(徭役)과 추쇄(推刷) 등의 일을 모두 감면할 것이고 공·사노비와 서얼의 앞길을 가로막고 금하는 법을 모두 혁제(革除)할 것이니 이로부터 국가가 태평하고 무사할 것이다'고 했다. 어리석은 백성들이 그 말을 듣고 현혹되어 와자하게 전파했다."고 기록하고 있다. 민중이 '와자하게' 지지한 것으로 보이는 정여립의 이 '혁제' 내용은 150여 년 뒤 영·정조의 혁파정책과 거의 일치한다.[76]

이 기축옥사의 집단학살로 응어리진 원한과 비원(悲願)은 100여 년 뒤 영·정조 시대에 대유행한 도참서 『정감록』을 통해 정여립과 같은 종씨인 정씨의 왕조가 열린다는 왕조개벽설로 다시 터져 나왔다. 백승종은 조선왕조를 부정하는 『정감록』의 유토피아적 도참사상을 "조선 후기 성리학에 대항하여 평민지식인이 내놓은 일종의 대항 이데올로기"였다고 평가한다.[77] 평민지식인들은 공자 철학의 탈(脫)주자학적·군자유학적·유토피아적 해석을 도모한 정여립 중심의 창조적 지식인집단에 음양으로 동조하고, '지식인대학살'을 자행한 잔인무도한 억압 권력의 성리학적 이데올로기에 분노하여 결사적으로 왕조전복 도참설을 전파·확산시켰다.[78]

이처럼, 조선시대 지배층의 성리학 이념과 달리 '민'의 결사체 영역을 관통한 사상적 정수는 '대동사회'·'개벽세상'의 '평등관'이라고 할 수 있다. 공자는 천하와 나라가 개인의 사유물이 아니라 공기(公器)이고, 소유제도 면에서 자기 것과 남의 것이 있되, 자기 것으로 기꺼이 남을 돕고, 각종 사회적 약자들을 돕고 챙기는 완벽한 사회복지·완전고용·평화안전이 보장되고, 제 부모, 제 자식을 먼저 챙기지만 제 부모, 제 자식만을 사랑하지 않는 범애(汎愛)·범인(汎仁)의 세상을 이상세계로 삼았다.[79] 이것이 『예기』 「예운」편에 기술된 '대동' 세상이다.

대도가 행해질 적에 천하는 공기(公器)였고(天下爲公), 현인과 능력자를 선출해 썼고(選賢與能), 신의를 다지고 화목을 닦았다. 그러므로 사람들은 오직 제 어버이만을 친애하지 않았고 오직 제 자식만을 사랑하지 않았다. 노인은 생을 마칠 곳이 있었고, 장정에게는 쓰일 곳이 있었고, 어린이는 키워줄 곳이 있었고, 환(鰥)·과(寡)·고(孤)·독(獨)과 폐질자는 보살펴줄 곳이 있었다. 남자는 직분이 있었고 여자는 시집갈 곳이 있었다. 재화는 땅에 버려지는 것을 싫어했으나 반드시 자기에게만 숨겨져 있지도 않았고, 힘은 몸에서 나오는 것을 싫어했으나 반드시 자기만을 위하지 않았다. 이러므로 계모(計謀)가 닫혀 일어나지 못했고 도둑과 난적이 활동하지 못했다. 그러므로 바깥문을 닫지 않았다. 이것을 일러 대동이라 한다.[80]

(大道之行也, 天下爲公, 選賢與能, 講信修睦. 故, 人, 不獨親其親, 不獨子其子, 使老有所終, 壯有所用, 幼有所長, 矜寡孤獨廢疾者, 皆有所養, 男有分, 女有歸, 貨惡其棄於地也, 不必藏於己, 力惡其不出於身也, 不必爲己. 是故, 謀閉而不興, 盜竊亂賊而不作, 故, 外戶而不閉, 是謂大同.)

반대로 내 것, 네 것이 분명히 나뉠 뿐만 아니라 내 것을 아껴 남을 돕지 않고 내 부모, 내 자식만을 사랑하며, 천하와 나라가 개인의 사유물인 세상은 '소강(小康)'이라 불렀다. '대동'이 정치적 이상사회라면, '소강'은 당대의 현실이었다.

정감록신앙과 미륵신앙의 여러 개벽사상적 요소들은 숙종 14년 미륵신앙을 바탕으로 한 승려 여환의 변란 작변 사건, 영조 집권 초기 '이인좌의 난(무신란)' 등에 영향을 미쳤고, 앞서 살펴본 일명 '남원괘서' 사건의 '남사고 비결' 뿐만 아니라 '문인방·이경래' 사건 등 다양한 사례에서 확인된다.[81] 이러한 대동개벽 사상의 흐름은 1860년 동학을 창도한 수운 최제우에 의해 집대성된다. 최제우는 일절 '리(理)'에 대해서는 언급하지 않고, '지기일원론(至氣一元論)'을 일관되게 적용하였다.[82] 수운은 '양반 상놈이 없고, 가난뱅이가 부자 되고, 여성과 어린이가 상전이 되고, 우리 민족이 세계를 주도하는' 시운개벽사상(時運開闢思想), 즉 '시천주(侍天主)'의 인간해방론을 바탕으로 '경천수덕·만민입신군자론(敬天修德·萬民入信君子論)'과 반봉건·반외세 '보국안민·광제창생론(輔國安民·廣濟蒼生論)'을 폈다.[83] 그리하여 이상사회를 향한 이 민중적 개벽사상은 탕평군주들의 예방혁명적 민국체제가 세도정치로 무력화되자마자 막바로 조선왕조를 위협하는 성숙도와 비등점에 도달했다. 이것은 1811년 홍경래의 난으로 시작하여 1894년 동학농민혁명으로 마감되는 '민란·변란·혁명의 시대'가 웅변으로 증언해준다.[84]

대동·개벽사상에 의해 결집된 흐름은 19세기 말 동학에 이르러 만개(滿開)하고, '접·포(接·包)'라는 자율적 결사체로 구체화되었다.[85] 1880년대에 이르면, 거의 전국에 걸쳐서 자율과 평등의 새로운 의식을 갖춘 민들이 자율적으로 결사체를 이루며 조선사회가 처한 정치·사회적 문제의 대안을 제시하게 된다.[86] 19세기 말 민의 자율적 결사체는 (탈성리학적) 대동 또는 개벽사상을 바탕으로 이미 정치적 공공성이 파탄난 반동정체(세도정치)기 정치사회의 주체로 등장할 만큼 성장해 있었다. 동학의 자율적 결사체는 조선의 지배이념이었던 성리학을 중심으로 한 결사체 영역이 일제에 의해 포섭되거

나 무기력해졌을 때, 국난을 타개하기 위한 강력한 정치적 결사체로
역할하였다.

5. 소결

이 장에서는 1990년대부터 최근까지 전개되고 있는 조선시대 '시민 사회' 논쟁을 비판적으로 재해석하고, 그 결과를 바탕으로 '붕당정체-민국정체-반동(세도)정체'로 이어져 온 조선의 정체 변화와 관련한 논제를 미시사적으로 보강하고자 했다. 조선시대 '시민사회' 논쟁을 비판적으로 재해석한 결과는 다음과 같다. 첫째, 논자마다 다소 차이는 있지만 기존 논쟁에서 제기된 시민사회의 개념정의를 검토한 결과 큰 틀에서 일정한 개념적 합의가 가능하다는 점이다. 하나의 전제는 '국가로부터 자율적(영역)'이어야 한다는 점이다. 또 다른 전제는 '결속력을 갖고 사회적·공적 역할을 하는 (사적)결사체'여야 한다는 것이다. 이와 같은 개념정의에 따르면, 조혜인의 '공민사회' 논의는 16~17세기 붕당정체기 분석에는 적절하지만 조선 후기 이후 '민'의 자발적 결사체의 구조 변화와 확장적 측면까지 그 설명력을 유지하기 어렵다는 결론에 이른다.

둘째, 성리학적 지배이념의 강한 통제 때문에 국가로부터 자율적 영역이 존재할 수 없다는 견해는 조혜인의 지적과 같이 '오해된 동양적 전제주의'의 편견이라는 점이다. 예상보다 이 편견의 영향력은 강하게 작용하고 있음을 확인하였는데, 조선시대 공민사회를 국가로부터 자율적인 영역으로 제기하는 조혜인조차 조선을 성리학적 지배이념이 일관되게 관철된 것으로 보고 있을 정도다. 이 문제에 대해 필자는 조선의 정치사회가 통치이념으로서의 성리학과 그 지배질서의 억압으로부터 해방을 갈망하는 대동-개벽사상이 대립해 왔음을 제시하고자 하였다. 18세기 이후 신분제의 변동과 향촌사회의 구조 변화가 진행되면서 성리학적 지배이념의 관철은 한층 더 취약해졌고, 특히 계, 서당, 종교적, 정치적 결사와 같은 결사체의 영역은 참위론, 이상사회론, 대동사상 등을 중심으로 한 탈성리학적 흐름이 강력한 영향력을 행사하고 있었다. 국가의 정치적 공공성이 파탄에 처한 19세기 말 조선 정치사회에서 대동-개벽사상을 근간으로 하는 민의 결사체는 중요한 정치사회의 주체로 등장하기도 하였다.

지금까지 살펴본 바와 같이 조선시대의 '시민사회' 또는 '결사체' 영역은 그동안 다양한 개념과 방법을 동원하여 충분히 조명되지 못했다. 조선시대 '시민사회'의 존재 여부를 논구하기 어려웠던 시기에 '공민사회'의 존재를 제기한 조혜인의 선구적 연구로 조선의 '시민사회'를 둘러싼 논의가 촉발될 수 있었고, 다양한 비판과 새로운 문제 제기 덕분에 한층 진전된 논의가 가능해졌다. 이 글은 이러한 연구성과에 힘입어 '결사체' 개념을 활용하여 조선시대 '시민사회'를 시기적, 주체적, 범주적 차원에서 분석적으로 확장할 필요가 있음을 주장하였다. 시기적으로는 정치·경제·사회적 전환기인 18세기 이후 조선시대를 다룰 수 있어야 하고, 주체적으로는 '재야사림'만이 아니라 '민'의 다양한 결사체가 포함될 수 있어야 한다. 오랜 편견과 달리 조선의 정체는 '붕당에 의한 공치', '탕평과 민국으로의 전환', '반동정체기 민의 정치적 부상' 등 다양한 정치 사회의 역동성을 축적해 왔기 때문이다.

제4장
맺으며

1. 조선에서 '근대화'를 논하기

그동안 조선시대 연구 분야는 많은 연구자들에 의해 기존 식민사관의 편향적 오류를 극복하기 위한 사료와 논점들이 발굴되었고, 이 연구 성과들에 기초하여 '내재적 발전론', '식민지근대화론' 등을 비롯한 다양한 논점으로 확산되어 왔다. 최근에는 기존의 발전론적·근대주의적 조선시대 짜맞추기 방식에 대한 비판이 제기되고 있기도 하다. 조선시대를 중심으로 한 일련의 논의들에서 확인할 수 있는 사실은 조선시대의 '근대화'를 둘러싼 논쟁이 여전히 진행 중이며, 앞으로 역사학뿐만 아니라 관련 분야의 학제 간 연구로 확장될 필요가 있다는 점이다.

필자가 감히 조선시대 연구 전반을 평가할 수 있는 위치에 있지 않기 때문에 이 책의 집필 과정에서 체감한 소회들을 나열하는 것으로 결론을 대신하고자 한다. 첫째, 조선만의 역사 해석에서 벗어나 비교역사적 맥락으로 논의를 확장할 필요가 있다는 점이다. 둘째, 정치사상적 맥락에서 활용되는 제반 개념들에 대한 학제 간 개념 합의가 필요해 보인다. 셋째, 조선시대 전반을 관통하는 거시적 이론 틀이 보다 과감하게 개진될 필요가 있다는 점이다. 물론 이 책이 이러한 문제들을 제대로 소화해 낸 것은 아니다. 다만, 조선시대사 연구 분야에서 검토되어야 할 지점들이 일부라도 드러났다면 다행이겠다.

이 책은 근대의 이념형 제시를 통해 이에 부합하는 조선시대의 특징을 추출하는 식의 접근이 아니라 조선시대에 잔존하고 있던 신분제적 질서의 균열상에 주목하여 사회변화적·가치변화적 요소들을 탐침하고, 이에 대한 정치사상적 해석을 중심으로 했다. 필자는 앞선 논의를 통해 18세기를 조선의 근대화가 개시되는 '전환기'로 규정했다. 조선의 18세기 사회구조적 변화가 보여주는 강도가 가히 조선 519년 역사상의 전환기라 부를 수 있을 만큼 강했기 때문이다. 그리고 근대를 향한 이 전환적 흐름은 19세기 후반까지 이어지며 '근대화'된 조선의 시대상으로 현상했다.

앞서 언급했지만 그동안 조선시대의 근대화 양상을 평가하는 데 동원된 잣대들을 면밀히 재검토해 볼 필요가 있다. 조선의 18세기 정치사를 평가하는 잣대로 유럽의 19세기, 20세기 정치적 요청들을 동원한다면, 이 평가는 불공정한 것이 되고 말 것이다. 신분제적 질서의 균열을 조명하고, 거시적 틀의 평가가 필요한 마당에 당시 조선에 '왕정극복'의 요구가 없었다거나 왕의 목을 치는 '공화제'적 요구가 없었다고 폄훼하는 것은 시대착오적인 과도한 자학사관으로밖에 보이지 않는다.

이 책에서 조선의 근대적 전환기에 나타난 제반 양상들을 조망한 결과는 다음과 같다. 첫째, 조선의 18세기는 신분제 질서의 균열이 근대적 요소들과 나란히 나타나고 있었다는 점이다. 이 중첩적 갈등은 국가공공성 창출의 메커니즘을 '군주-사대부'의 공치에서 '군주-민'의 새로운 조합으로 재구조화하는 '국체' 변화로 귀결되었다. 경제영역에서도 유럽의 봉건적 종주권의 중첩적 양상과 달리 조선의 각종 토지는 상당 부분 근대적 의미의 배타적·일물일권적 토지 소유와 거래가 이루어지고 있었으며, 봉건제적 신분제 요소가 토지거래 자체의 본질을 훼손하지 못하는 상황이었다. 놀랍게도 양민은 물론 노비까지 토지의 소유주가 되기도 했다. 둘째, 조선의 전환적 세기에 등장한 '민국정체'는 '계몽군주정'에 가까웠다. 앞서 살펴보았듯이 서구 절대주의가 갖는 전제적 중앙집권제·관료제·상비군은 조선의 건국기부터 통상적 요소였고, 내용적으로도 서양의 절대군주정이 봉건귀족과 농촌 젠트리를 대변한 것과 달리 조선의 민국체제는 '소민'을 대변했다는 점에서 차이가 있다. 셋째, 조선의 민이 유럽 대다수 국가들의 절대왕정체제보다 진보적인 참정 수단을 활용했다는 점이다. 18세기에 봉건제적 신분질서가 동요하면서 상언, 격쟁이 급격히 늘어나는 새로운 상황이 벌어졌고, 정조 재위 24년간 77회에 걸친 행차에서 접수된 상언과 격쟁이 무려 4,427건에 달했다. 조선 민의 이 참정 수준은 동시대 영국·네덜란드·스위스·미국 등 예외적인 몇몇 서구 국가들에 비하면 뒤진 것이지만, 나머지 모든 유럽대륙 국가들의 절대왕정체제에 비하면 진일보한 것이었다. 넷째, 조선의 전환기를 통해 향촌사회 전반의 구질서가 요동쳤고, 자율적 결사체의 흐름이 광범위하게 나타났다는 점이다. 이 민의 영역은 지배이념으로서의 성리학적 범주로는 포섭할 수 없는 질적으로 판이한 내용들을 중핵으로 하는 '해방사상'을 민의 이념으로 담지하고 있었다.

2. '공공성'을 통한 국가와 민의 상호 대면

조선을 획일적 통제국가로 고정시켜 둔 채 특정 시점(주로 19세기)에 느닷없이 민을 능동적 주체로 부각시키는 방식은 조선시대 전반을 이해하는 연속성에서 문제를 야기한다. 한 국가의 '국체'나 '정체'를 이해하는 데는 지배권력을 중심으로 한 위로부터의 성격규정 뿐만 아니라 동시에 사회경제적 구조의 반영이자 피통치자들인 민과의 상호관계를 반영한 입체적 시각이 필요하다. 조선의 국체는 18세기를 기점으로 '백성의 나라'로 전환했으며, 각 붕당정치기-탕평정치기-세도정치기를 경유하는 정체의 성격은 결코 획일적이지 않았다. 정치적 주체의 맥락에서 본다면, 군주-사대부-민의 정치적 역관계 변화가 이러한 변화에 조응하며 나타났다.

필자는 기존 연구에서 많이 활용하지 않은 개념틀인 공공성을 중심으로 국가와 민의 상관성을 분석하고자 했다. 공공성 개념은 국가와 민의 상관성 분석을 위한 개념틀로 상당히 유용했다. 『실록』에 제시된 '공공'은 명확히 군주 개인이 사적으로 좌지우지 할 수 있는 범주와 구분되는 것이었다. 이 '공공' 개념은 조선 후기에 이를 수록 조정이나 당론으로 어찌할 수 없는 '만인의' 인정, '만인의' 지탄, '온 나라' 등의 의미로 정착해 왔다. 이렇게 본다면, '공공성'의 핵심은 특정 주체나 세력이 강권적 억압으로 획득할 수 있는 것이 아니라는 데 있다. 공공성은 '만인에 의한 인정(또는 공감)'에 기반하여, 국가나 특정 계층의 독점이 아닌 '상호성'을 전제로 성립하는 것이다. 다시 말해 국가공공성이란, 지배 정당성과 결부된 문제이기 때문에 피지배층과의 상호성을 중심으로 파악될 수 있는 것이지, 군주 또는 특정 세력이 '자의적'으로 대표할 수 없다는 말이다. 이 상호성의 원리를 바탕으로 유학적 정치원리의 근간을 이루는 '민본론'를 검토하자 '민유방본'을 모토로 한 조선정치사에서 상당히 의미 있는 변화들이 포착되었다.

조선시대를 국가공공성 창출 메커니즘의 특성에 따라 일별해 본다면, 조선의 16~17세기는 '군주-사대부'의 공치를 주축으로 한 공공성 창출 기제가 작동했다. 그러나 근대적 전환기인 18세기 군주-사대부의 공치는 한계에 봉착했고, 낡은 메커니즘을 타파한 '민국정체'의 국가공공성 창출 메커니즘이 '군주-민'을 주축으로 새롭게 형성되었다. 19세기 세도정체에서 제도 영역을 대표하는 군주의 축이 특정 세도가문에 의해 잠식되면서, 18세기 근대적 전환기를 거치며 성장한 민의 영역이 국가공공성을 비제도적 영역에서 대변하는 비상정국이 이어져 왔다.

3. 자율적 결사체로 본 조선시대 '민'의 영역

　제2장의 논의 중심이 국가와 민의 상호성에 있었다면, 제3장의 논점은 조선시대 민의 영역을 관통한 변화를 두 가지 맥락에서 검토하는 데 있었다. 첫째, 미시사적 방법으로 18세기 이후 본격화된 봉건적 신분질서의 균열이 향촌사회에서는 어떠한 방식으로 나타나고, 민의 영역이 어떻게 변모해 나갔는지를 살펴보는 것이다. 둘째, 조선 민중의 삶을 이끌고 결집시킬 수 있었던 '민의 이념'이 발현된 방식과 내용을 살펴보는 것이다. 이 작업을 통해 조선의 18세기 전환기적 양상들, 즉 봉건적 신분제의 균열상, 향촌 지배질서의 변화, 민이 정치적 주체로 성장한 배경과 구조 등에 대한 윤곽을 보다 구체적으로 확인할 수 있었다.

　조선의 민이 공유, 공감하고 있던 이념적 내용들은 성리학적 지배이념과 길항관계를 유지해 왔는데, 아래로부터 민의 삶과 종교, 가치관 속에 자리하고, 오랜 기간 조선의 민과 함께 호흡해 온 또 다른 해방적 유학정치관, 즉 '대동사상'의 흐름이 그것이다. 이 대동사상은 당시 조선에 팽배했던 정감록·율도국과 같은 '이상사회론', '참위사상' 등과 결합되어 나타났고, 때로는 민의 종교적 희원으로, 때로는 저항의 동력으로 기능해 왔다. 이러한 민의 이념은 19세기 수운의 동학사상으로 결집되어 나타났다. 이러한 민의 이념은 민의 출현을 여타의 사회구조적 변화에 따른 '우연적' 계기로 설명하는 구조적 설명 맥락과 달리 이 구조변화를 재촉하고, 추동해 낸 민의 능동적 동력에 주목했다는 점에서 의미가 있다. 이러한 일련의 논의를 통해 필자는 민의 이념과 관련하여 성리학적 지배이념과 다른 차원에서 민의 영역을 관통하는 장구한 흐름과 내용이 존재했고, 조선시대 민의 결사체 영역을 관통한 이념의 정수를 '대동·개벽사상'의 해방적 평등관으로 제시해보고자 했다.

4. 연구의 과제, 그리고 소회

이 작업은 기존 연구의 성과들을 바탕으로 하지 않으면 불가능한 작업이었다. 장구한 시간 사료와 씨름하며, 제3자도 이해 가능하도록 많은 사료를 이미 발굴·해독해 놓은 역사학자들의 끈기와 노력, 일제 식민사관을 극복하고 제대로 우리 역사를 정립하기 위해 고군분투한 열정에 감사할 따름이다. 이 책의 목표는 조선의 전환기적 양상들을 민을 중심으로 포착하고, 이에 대해 필자 나름의 정치사상적 해석을 가하는 것이었다. 여전히 과제로 남겨진 부분이 상당하다. 가장 아쉬운 부분은 구한말, 고종시대에 대한 해석은 엄두도 내지 못했다는 점이다. 애써 핑계를 삼자면 한정된 지면의 핑계를 대겠지만, 필자의 역량 부족이 가장 큰 이유였다. 구한말 평가에 대해서는 필자가 계획하고 있는 몇 가지 연구 방향을 제시하는 선에서 마무리해야 할 것 같다. 향후 필자는 '고종시대 민국의 계승 여부를 둘러싼 해석', '광무개혁이 근대의 문을 여는 내재적 개혁의 일환이었는지 여부', '국난의 상황에서 들불처럼 일어났던 동학농민전쟁을 둘러싼 다양한 해석과 쟁점', '개화파들의 근대적 개혁 요구의 이면' 등에 관한 연구를 계속할 계획이다. 모두 누적되어 온 중요 쟁점들이다. 이 연구 과제들이 세상에 선보이기까지 꽤 오랜 시간이 소요

될 것 같다.

끝으로 필자의 당초 집필 구상을 밝히고 일련의 논의를 마감할 때가 왔다. 이 책에서 필자가 가장 강조하고 싶었던 것은 조선이 '왕조의 나라'도, '사대부의 나라'도 아닌 '민의 나라'였다는 점이다. 필자가 보기에 519년을 '조선'의 백성으로 살았던 우리 선조들의 삶은 동시대 지구상의 어떤 국가의 백성과 견주어도 손색이 없었다. 국가가 국가답지 못했을 때 국가공공성을 떠받치던 민심의 바다는 격렬하게 요동쳤고, 조선의 민은 제대로 된 국가를 만들기 위해, 그리고 생존하기 위해 분투했다. 조국이 위기에 처했을 때는 만사를 제쳐두고 항전의 길로 나섰다. 민의 영역을 관통하고 있는 이 저력이 수많은 역사적 우여곡절에도 불구하고 오늘의 대한민국을 있게 한 원동력이자 자긍심일 것이다. 이 책은 한국 근현대사의 첫 단추를 '조선의 민'으로 꿰고자 했다. 부족하나마 이 일련의 논의들이 우리 사회에 덧씌워진 근현대사의 식민사관적 편향들을 걷어내는 데 일조한다면 더할 나위 없는 보람이겠다.

/ 주 /

1 이 자료는 2014. 12. 12. 한국학중앙연구원에서 개최한 "우리 내부의 역사갈등 에 대한 반성적 연구" 학술토론회장에서 필자의 토론자였던 히로시마대학교의 김미경 교수가 직접 조사하여 제시한 조사결과 자료이다.
2 김구 지음, 배경식 풀고 보탬, 『백범일지』, 너머북스, 2010, 109쪽.

제1장 조선시대를 둘러싼 '근대' 논쟁을 보는 정치사상적 시선

1 김백철, 「朝鮮時代 歷史像과 共時性의 재검토」, 『韓國思想史學』 第44輯, 2013, 271쪽 참조.
2 실학 개념을 둘러싼 다양한 관점들은 크게 다음의 세 가지로 나누어 볼 수 있 다. 첫째, 조선 후기의 새로운 유학사조만을 일컫는 개념으로 실학을 지칭하는 경우, 둘째, 조선 초기부터 말기까지의 유학을 통칭하는 것으로 실학 개념을 사 용하는 경우, 셋째, 실학 개념을 폐기하자는 입장 등으로 나누어 볼 수 있다. 이 에 대해서는 이태훈, 「실학담론에 대한 지식사회학적 고찰: 근대성 개념을 중심 으로」, 전남대 박사학위논문, 2004; 유권종, 「한국의 실학과 근대성에 관한 논 의」, 『한국민족문화』 제39호, 2011, 3~29쪽; 김용옥, 『독기학설-최한기의 삶과 생각』, 통나무, 1990 참조.
3 대표적인 논자들은 홍이섭, 『조선과학사』, 1946; 박종홍, 「實事求是의 實學思 想」, 『哲學槪說』, 1954; 김양선, 「韓國實學發達史」, 『崇大學報』 5, 1955; 천관 우, 「磻溪柳馨遠 研究-실학발생에서 본 이조사회의 단면」, 『역사학보』 2-3, 1592~1593쪽 등이다. 이에 대해서는 유권종, 「한국의 실학과 근대성에 관한 논 의」, 5~7쪽 참조.
4 홍원식 외, 『실학사상과 근대성』, 예문서원, 1998; 배연숙, 「위당 정인보의 조선 학 성립배경에 관한 연구」, 『철학논총』 59, 2010, 406~414쪽; 신주백, 「'조선학 운동'에 관한 연구동향과 새로운 시론적 탐색」, 『한국민족운동사연구』 67, 2011, 188~190쪽.
5 유권종, 「한국의 실학과 근대성에 관한 논의」, 8쪽.

6 고등학교『한국근현대사』교과서, 대한교과서, 2002, 15쪽.

7 유권종,「한국의 실학과 근대성에 관한 논의」, 20쪽.

8 『독립신문』1889. 7. 27.「론셜」.

9 유불란,「"우연한 독립"의 부정에서 문명화의 모순된 긍정으로: 윤치호의 사례」, 『정치사상연구』제19집 1호, 2013, 86~87쪽.

10 여기서 '민중사학'은 하나의 '학문 경향' 정도로 이해할 수 있다. 실제 '민중사학'이 명확한 하나의 사관 또는 역사이론에 근거하고 있는 것이 아니기 때문이다. 필자가 여기서 '민중사학'이라고 지칭하는 함의 속에는 다양한 경향의 진보적 역사연구자들의 일반적 경향성을 포괄하고 있는 것이다. 이에 대해서는 김성보,「'민중사학' 아직도 유효한가」,『역사비평』통권 16호(가을호), 1991, 48~55쪽 참조.

11 김용섭은 조선 후기의 실학을 민중적 관점으로 설명하려고 시도한 대표적 역사학자다. 그는 전봉준의 개혁사상은 실학적 개혁사상의 영향을 받았다고 해석한다. "그가(전봉준이-인용자) 주자학이 아니라 맹자의 학을 하고 서당에서 유교경전을 교육하는 입장에 있었다는 점 외에도 이웃한 부안군 근처에 반계 유형원이 교육하던 동림서원이 있었다는 사실에 주목할 필요가 있다. 비록 건물은 대원군의 서원정책으로 철폐되고 없었지만 반계의 국가개조를 위한 혁신적인 사상은 그의『隨錄』을 통해서 이 고장의 자랑으로 전승되고, 따라서 사회개혁을 생각하는 사람들은 이를 읽고 연구하였을 것으로 추측한다. 또한 호남에는 다산의 개혁사상에 관한 저술이 유포되고 농민군 지도층에서도 이를 그들의 혁명방략 연구에 참고하고 이용할 수 있었다는 사실이다." 김용섭,「'전봉준 공초'의 분석」,『한국근대농업사연구III: 전환기의 농민운동』, 지식산업사, 2001, 189~190쪽.

12 배항섭,「'근대이행기'의 민중의식: '근대'와 '반근대'의 너머」,『역사문제연구』제23호, 2010, 63쪽.

13 '19세기 위기론'이란, 물가·임금·이자율·생산성 등 경제지표의 수량 분석을 바탕으로 경제의 장기 변동을 밝히는 논지로, 19세기 조선이 내부 동력에 의한 근대이행 가능성이 전혀 없음을 주장하는 논지를 지칭하는 표현이다.

14 '식민지근대화론'에 대한 소개와 그 비판에 대해서는 이만열,「일제 식민지 근대화론 문제 검토」,『한국독립운동사연구』제11권, 1997, 301~328쪽; 정연태,「'식민지근대화론' 논쟁의 비판과 신근대사론의 모색」,『창작과 비평』제27권 제1호, 1999, 352~376쪽; 한국정신문화연구원 편,『식민지근대화론의 이해와 비판』, 서울: 백산서당, 2004 참조. 식민사관 비판과 조선시대를 보는 관점의 시대적 변화 양상에 대해서는 김백철,「'탕평'을 어떻게 볼 것인가」, 이태진·김백철 엮음,『조선 후기 탕평정치의 재조명上』, 파주: 태학사, 2011, 44~76쪽 참조.

15 배항섭,「19세기를 바라보는 시각」,『역사비평』101, 2012, 218쪽.

16 안병직 편,『한국경제성장사』, 서울대출판부, 2001; 안병직·이영훈 편,『맛질의 농민들』, 일조각, 2001; 이영훈 편,『수량경제사로 다시 본 조선 후기』, 서울대학

교출판부, 2004; 이대근 외, 『새로운 한국경제발전사』, 나남, 2005.

17 이영훈, 「19세기 조선왕조 경제 체제의 위기」, 『朝鮮時代史學報』 43, 2007, 288~289쪽.

18 이영훈, 「19세기 조선왕조 경제 체제의 위기」, 270쪽.

19 배항섭, 「19세기를 바라보는 시각」, 240쪽.

20 배항섭, 「19세기를 바라보는 시각」, 224~225쪽.

21 배항섭, 「'근대이행기'의 민중의식: '근대'와 '반근대'의 너머」, 58~59쪽.

22 배항섭, 「'근대이행기'의 민중의식: '근대'와 '반근대'의 너머」, 64쪽.

23 배항섭, 「'근대이행기'의 민중의식: '근대'와 '반근대'의 너머」, 71~74쪽.

24 배항섭, 「'근대이행기'의 민중의식: '근대'와 '반근대'의 너머」, 74쪽.

25 배항섭, 「'근대이행기'의 민중의식: '근대'와 '반근대'의 너머」, 92쪽.

26 배항섭, 「근대를 상대화하는 방법」 참조.

27 김용섭, 「서평: 독립협회연구」, 『한국사연구』 12, 1976, 149~154쪽.

28 '광무개혁' 연구반, 「'광무개혁' 연구의 현황과 과제」, 『역사와 현실』 8, 1992, 345쪽.

29 신용하, 「서평: 한국근대농업사연구」, 『한국사연구』 13, 1976, 139~153쪽.

30 신용하, 「논쟁: 〈광무개혁론〉의 문제점」, 『창작과 비평』 49, 1978, 143~183쪽.

31 '광무개혁' 연구반, 「'광무개혁' 연구의 현황과 과제」, 『역사와 현실』 8, 1992, 346쪽.

32 김재호, 「『고종시대의 재조명』, 조명 너무 세다」, 교수신문 기획·엮음, 『고종황제 역사 청문회』, 푸른역사, 2005, 18~23쪽.

33 김재호, 「대한제국에는 황제만 산다」, 『고종황제 역사 청문회』, 34쪽.

34 이태진, 「식민사관의 덫을 경계해야 한다」, 『고종황제 역사 청문회』, 26~32쪽.

35 김재호, 「대한제국에는 황제만 산다」, 『고종황제 역사 청문회』, 35~36쪽.

36 이태진, 「'고종시대' 악센트는 '시대'에 있다」, 『고종황제 역사 청문회』, 43~46쪽.

37 역사학회 편, 『정조와 18세기』, 푸른역사, 2011, 6쪽.

38 박광용, 「조선의 18세기, 국가 운영 틀의 혁신」, 『정조와 18세기』, 2011, 62~71쪽.

39 오수창, 「18세기 조선 정치사상과 그 전후 맥락」, 『정조와 18세기』, 2011, 36~47쪽.

40 '민국'의 정치이념에 대한 이태진의 학술적 논의는 1997년 6월 (재)한일문화교류기금 주최 제10회 한일·일한 합동학술회의, 「한국과 일본에 있어서의 시민의식의 형성과정」에서 발표되었다. 이 발표문은 「18세기 한국사에서의 민의 사회적·정치적 위상」, 『진단학보』 88, 1999, 249~263쪽에 게재되었다.

41 한영우, 『다시 찾는 우리역사』, 경세원, 2004(1999).

42 이완범, 「국호 '대한민국'의 명명」, 『황해문화』 60, 2008, 48~75쪽.

43 김백철, 『영조, 民國을 꿈꾼 탕평군주』, 태학사, 2011.

44 황태연, 「'대한민국' 국호의 기원과 의미」, 『정치사상연구』 21집 1호, 2015, 42~

민民의 나라, 조선

65쪽 참조.

45 이에 대해서는 계승범, 「조선의 18세기와 탈중화 문제」, 『정조와 18세기』, 2011, 104~132쪽; 이헌창, 「근대경제성장의 기반 형성기로서 18세기 조선의 성취와 그 한계」, 『정조와 18세기』, 2011, 134~178쪽 참조.

46 Ronald Inglehart, 1997, *Modernization and Postmodernization*, Princeton, New Jersey: Princeton University Press.

47 『書經』夏書·五子之歌 第三.

48 『禮記』「禮運 第九」.

49 『孟子』「盡心下」(14-14).

50 황태연, 「'대한민국' 국호의 기원과 의미」, 44~45쪽.

51 『승정원일기』, 건륭 20년(영조31) 정월 6일(경진).

52 『禮記』「禮運 第九」(9-19): "百姓則君以自治也 養君以自安也 事君以自顯也."

53 황태연, 「'대한민국' 국호의 기원과 의미」, 53쪽.

54 이러한 동학농민전쟁 평가에 대해서는 유영익, 「전봉준 의거론-갑오농민봉기에 대한 통설 비판」, 『동학농민봉기와 갑오경장』, 서울: 일조각, 1998, 5쪽; 「갑오농민봉기의 보수성」, 같은 책, 179쪽; 권회영, 「동학농민운동과 근대성의 문제」, 『한국사의 근대성 연구』, 서울: 백산서당, 2001; 이희근, 「동학농민봉기는 반봉건 근대적 운동이 아니다」, 『한국사는 없다』, 서울: 사람과 사람, 2001, 247~248쪽 참조.

55 Perry Anderson, *Lineages of the Absolutist State*, 1974, 김현일 외 옮김, 『절대주의 국가의 계보』, 도서출판 까치, 1993, 14쪽.

56 페리 엔더슨, 『절대주의 국가의 계보』, 15쪽.

57 황태연은 이 '4대 시한부 귀족제도'는 이후 양민의 신분 상승(준양반화) 추세 속에서 바로 무력화되고, 가문의 토지가 유지되는 한, '한번 양반은 영원한 양반'의 士大夫化 추세가 관철된 것으로 보고 있다.

58 이태진, 「18세기 韓國史에서의 民의 사회적·정치적 位相」, 250~251쪽.

59 이태진, 「18세기 韓國史에서의 民의 사회적·정치적 位相」, 252~257쪽.

60 『승정원일기』, 순치 13년(효종7) 10월 23일(정유).

61 같은 책.

62 김백철, 『조선 후기 영조의 탕평정치』, 태학사, 2010, 287쪽(각주 292 〈표 36〉).

63 김백철, 『영조, 民國을 꿈꾼 탕평군주』, 태학사, 2011, 316~326쪽.

64 『비변사등록』, 계축(정조17) 6월 20일.

65 『정조실록』 권44, 정조 20년 6월 병신(22일).

66 황태연, 「'대한민국' 국호의 기원과 의미」, 57쪽.

67 이태진, 『고종시대의 재조명』, 19~25쪽.

68 이태진, 『새 韓國史』, 413쪽.

69 황태연, 「조선시대 국가공공성의 구조변동과 근대화」(2014 수정본 미간행 초고), 51쪽.

70 이태진, 『새 韓國史』, 434쪽.

71 이태진, 『새 韓國史』, 435~7쪽.

72 황태연, 「조선시대 국가공공성의 구조변동과 근대화」(2014 수정본 미간행 초고), 51~58쪽.

73 황태연, 「조선시대 국가공공성의 구조변동과 근대화」(2014 수정본 미간행 초고), 55~57쪽.

74 황태연, 「'대한민국' 국호의 기원과 의미」, 42~43쪽 참조.

75 배항섭, 「'근대이행기'의 민중의식: '근대'와 '반근대'의 너머」, 2010, 74~75쪽.

76 세종실록 23권, 6년(1424 갑진) 3월 23일(기해) 3번째 기사. 京畿監司啓: "凡田地放賣人, 或因父母喪葬, 或因宿債收贖, 或因家貧不能自存, 皆緣不得已之事, 而其價餞竝皆沒官, 冤抑不小. 且京中造家基地菜田, 猶許放賣, 獨外方田地, 禁其買賣未便˚請毋禁買賣, 其不稅契不過割者, 依律施行˚" 命依律文施行, 其限年放賣田宅, 從明文決給.

77 배항섭, 「'근대이행기'의 민중의식: '근대'와 '반근대'의 너머」, 2010, 75쪽.

78 배항섭, 「'근대이행기'의 민중의식: '근대'와 '반근대'의 너머」, 2010, 76~77쪽.

79 김백철, 「조선 후기 영조대 법전정비와 속대전의 편찬」, 『역사와 현실』 68, 2008, 234쪽.

80 전형택, 「朝鮮後期 奴婢의 土地所有」, 『한국사연구』 71, 1990, 64~65쪽.

81 김홍식, 『조선시대 봉건사회의 기본구조』, 박영사, 1981.

82 배항섭, 「'근대이행기'의 민중의식: '근대'와 '반근대'의 너머」, 2010, 77쪽.

83 전형택, 「朝鮮後期 奴婢의 土地所有」, 『한국사연구』 71, 1990, 82~84쪽.

84 김인걸, 「'民狀'을 통해 본 19세기 전반 향촌사회 문제」, 『한국사론』 23, 1990, 233~273쪽.

85 조윤선, 「조선 후기의 田畓訟과 法的 대응책」, 『민족문화연구』 29, 1996, 322쪽.

86 황태연, 「'대한민국' 국호의 기원과 의미」, 16쪽.

87 한상권, 「19세기 민소(民訴)의 양상과 추이」, 『한일공동연구총서 3』, 2002, 81쪽.

88 송호근, 『인민의 탄생』, 민음사, 2013, 50~51쪽.

89 한상권, 『朝鮮後期 社會와 訴冤制度 – 上言 · 擊錚 研究』, 일조각, 1996.

90 이태진, 「18세기 한국사에서의 민의 사회적 · 정치적 위상」, 260쪽.

91 한상권, 「백성과 소통한 군주, 정조」, 『역사비평』 89, 2009, 156쪽.

92 박광용, 「조선의 18세기, 국가 운영 틀의 혁신」, 74쪽.

93 배항섭, 「조선시대 민중의 시위문화」, 『내일을 여는 역사』 33, 2008, 33~34쪽.

94 황태연, 「조선시대 국가공공성의 구조변동과 근대화」(2014 수정본 미간행 초고), 61쪽.

제2장 공공성의 변동과 '민(民)'

1 송호근, 『인민의 탄생』, 29쪽.
2 송호근, 『인민의 탄생』, 51쪽.
3 David Steinberg, "Civil Society and Human Rights in Korea", *Korea Journal*, Vol. 37, No. 3(1997), pp.145~165.
4 Cho Hein, "The Historical Origin of Civil Society in Korea", *Korea Journal*, Vol. 37, No. 2(1997), pp.24~41.
5 송호근, 『인민의 탄생』, 52쪽.
6 오수창, 「18세기 조선 정치사상과 그 전후 맥락」, 40쪽.
7 오수창, 「18세기 조선 정치사상과 그 전후 맥락」, 46쪽.
8 오수창, 「18세기 조선 정치사상과 그 전후 맥락」, 47쪽.
9 오수창, 「18세기 조선 정치사상과 그 전후 맥락」, 51쪽.
10 송호근, 『인민의 탄생』, 59쪽.
11 최정운, 『한국인의 탄생』, 미지북스, 2013.
12 배항섭, 「'근대이행기'의 민중의식: '근대'와 '반근대'의 너머」, 59쪽.
13 이희주, 「조선초기의 공론정치」, 『한국정치학회보』 제44집 제4호, 2010, 5~23쪽; 배병삼, 「정치가 세종의 한 면모」, 『정치사상연구』 제11집 2호, 2005, 13~39쪽; 박현모, 「조선왕조의 장기 지속성 요인 연구 1: 공론 정치를 중심으로」, 『한국학보』 제30권 제1호, 2004, 31~61쪽; 박현모, 「유교적 공론 정치의 출발: 세종과 수성의 정치론」, 한국·동양정치사상사학회 엮음, 『한국정치사상사』, 서울: 백산서당, 2005, 239~259쪽; 김영수, 「조선 공론 정치의 이상과 현실(I)—당쟁 발생기 율곡 이이의 공론 정치론을 중심으로」, 『한국정치학회보』 제39집 제5호, 2005, 7~27쪽; 김영주, 「조선왕조 초기 공론과 공론 형성 과정 연구: 간쟁, 공론, 공론 수렴 제도의 개념과 종류」, 『언론과학연구』 제2권 제3호, 2002, 70~110쪽; 김봉진, 「최한기의 기학에 나타난 공공성」, 『정치사상연구』 제12집 제1호, 2006, 33~55쪽; 김돈, 「선조 대 유생층의 공론 형성과 붕당화」, 『진단학보』 Vol. 78, 1994, 147~171쪽; 김병욱, 「퇴계의 질서와 공개념에 관한 검토」, 『동양정치사상사』 제1권 제1호, 2002, 53~78쪽; 김용직, 「한국 정치와 공론성(1): 유교적 공론 정치와 공공 영역」, 『국제정치논총』 제38집 제3호, 1998, 63~80쪽.
14 황태연, 「조선시대 국가공공성의 구조변동과 근대화」(2014 수정본 미간행 초고), 8~11쪽 참조.
15 이태진, 「민국이념은 역사의 새로운 원동력」, 『고종황제 역사청문회』, 194쪽.
16 황태연, 「조선시대 국가공공성의 구조변동과 근대화」(2014 수정본 미간행 초고), 21쪽.
17 이희주, 「조선시대 양녕대군과 에도시대 아코우사건을 둘러싼 이념논쟁」, 『정치·정보연구』 제14권 2호, 2011, 261~286쪽.
18 이한수, 「세종시대의 정치」, 『동양정치사상사』 제4권 2호, 2004, 151~180쪽; 배

병삼, 「정치가 세종의 한 면모」, 『정치사상연구』 제11집 2호, 2005, 13~39쪽.

19 박현모, 「조선왕조의 장기 지속성 요인 연구 1: 공론 정치를 중심으로」, 31~61
쪽; 이희주, 「조선초기의 공론정치」, 5~23쪽; 이원택, 「顯宗朝의 復讐義理 논쟁
과 公私 관념」, 『한국정치학회보』 제35집 제4호, 2002, 47~65쪽.

20 김병욱, 「퇴계의 질서와 공개념에 관한 검토」, 『동양정치사상사』 제1권 제1호,
2002, 53~78쪽.

21 오문환, 「율곡의 군자관과 그 정치철학적 의미」, 『한국정치학회보』 제30집 2호,
1996, 2025~2038쪽.

22 김봉진, 「崔漢綺의 氣學에 나타난 공공성」, 『정치사상연구』 제12집 제1호,
2006, 33~55쪽.

23 구자익, 「惠岡 崔漢綺의 食貨論」, 『철학논총』 제57집, 2009, 361~383쪽.

24 이현희, 「동학과 근대성」, 『민족사상』, 2008, 9~24쪽; 오문환, 「동학사상에서의
자율성과 공공성」, 『한국정치학회보』 제36집 2호, 2002, 7~23쪽; 오문환, 「동
학에 나타난 민주주의: 인권, 공공성, 국민주권」, 『한국학논집』 제32집, 2005,
179~212쪽.

25 배항섭, 「19세기 후반 민중운동과 公論」, 『한국사연구』 161권, 2013, 313~347
쪽; 원숙경·윤영태, 「조선 후기 대항 공론장의 특성에 관한 연구」, 『한국언론정
보학보』 통권 59호, 2012, 92~114쪽; 김용직, 「개화기 한국의 근대적 공론장과
공론형성 연구: 독립협회와 「독립신문」을 중심으로」, 『한국동북아논총』 제11권
제1호, 2006, 335~357쪽; 이동수, 「「독립신문」과 공론장」, 『정신문화연구』 제29
권 제1호, 2006, 5~29쪽; 이동수, 「개화와 공화민주주의: 『독립신문』을 중심으
로」, 『정신문화연구』 제30권 제1호, 2007, 3~28쪽; 장명학, 「근대적 공론장의
등장과 정치권력의 변화: 『독립신문』 사설을 중심으로」, 『한국정치연구』 제16집
제2호, 2007, 27~54쪽.

26 이병천·홍윤기, 「두 개의 대한민국을 넘어서: 세계화 시대 시장화 대 공공화의
투쟁, 모두의 '대한 민주공화국'을 위하여」, 『시민과 세계』, 상반기 11호, 참여사
회연구소, 2007, 8~9쪽.

27 조한상은 "현재 우리 현실에서 사용하고 있는 공공성이라는 말이 전통적으로
우리가 사용해 왔던 개념이라기 보다는 외국어를 번역하는 과정에서 생성된 개
념"이라고 밝히고 있다. 조한상, 「헌법에 있어서 공공성의 의미」, 『공법학연구』
제7권 제3호, 2006, 253~254쪽.

28 Duden, Deutsches Universal Wörterbuch A-Z, 1989, p.1095.

29 하버마스, 한승완 역, 『공론장의 구조변동』, 서울: 나남출판, 2001, 13쪽 〈역주〉 참
조. 하버마스의 'Öffentlichkeit' 개념에 대해서는 Jürgen Habermas, trans. by
Thomas Burger, The Structural Transformation of the Public Sphere, (The MIT
press, 1991) ; Craig Calhoun, edited, Habermas and the Public Sphere, The
MIT Press, 1992 참조.

30 『禮記』 「第九 禮運」.

31 맹자는 요·순의 선양을 요·순천자가 '王位'와 천하를 순우와 하우에게 준 것이 아니라, 하늘과 같은 백성이 준 것이라고 풀이한다. "하늘이 천하를 주고 뭇 사람들이 천하를 주는 것이지, (요순) 천자가 천하를 남에게 줄 수 있는 것이 아니다(天與之 人與之 … 天子不能以天下與人)." 『孟子』 「萬章上」(9-5).

32 황태연, 「조선시대 국가공공성의 구조변동과 근대화」, 7쪽 참조.

33 황태연, 『감정과 공감의 해석학 1』, 청계출판사, 2014, 243쪽.

34 전정희, 「개화사상에서의 민(民)의 관념」, 『정치·정보연구』 제7권 제2호, 2004, 82쪽.

35 장현근, 「민(民)의 어원과 그 의미에 대한 고찰」, 『정치사상연구』 제15집 제1호, 2009, 151쪽.

36 『태종실록』 권29, 태종 15년 정월 기미(20일).

37 이석규, 「朝鮮初期 官人層의 民에 대한 認識」, 『역사학보』 제151집, 1996, 67쪽.

38 한승연, 「조선 후기 民國 再造와 民 개념의 변화」, 『한국정치학회보』 제46집 5호, 2012, 58쪽.

39 『태조실록』 권8, 태조 4년 10월 을미(5일).

40 『태종실록』 권5, 태종 3년 6월 계해(17일).

41 『문종실록』 권3, 문종 즉위년 8월 계사(22일).

42 이태진, 「14~16세기 한국의 인구증가와 신유학의 영향」, 『진단학보』 제76권, 1993, 1~17쪽.

43 이태진, 「朝鮮王朝의 儒教政治와 王權」, 『한국사론』 제23집, 990, 221~223쪽.

44 군주와의 관계는 효종의 경우가 예외적으로 붕당정치의 틀을 잘 활용하여 대외정책을 적극적으로 추진한 사례이지만 대부분의 군주들은 각 붕당의 공론적 구속과 긴장 관계를 형성하는 경우가 많았다. 이태진, 위의 글, 223~225쪽.

45 조선시대의 공론과 관련한 연구로는 이상희, 『조선조 사회의 커뮤니케이션 현상 연구』, 서울: 나남, 1993; 김영수, 「조선 공론 정치의 이상과 현실(I)−당쟁 발생기 율곡 이이의 공론 정치론을 중심으로」, 7~27쪽; 김영주, 「조선왕조 초기 공론과 공론 형성 과정 연구: 간쟁, 공론, 공론 수렴 제도의 개념과 종류」, 70~110쪽; 김용직, 「한국 정치와 공론성(1): 유교적 공론 정치와 공공 영역」, 63~80쪽 참조.

46 조선 붕당론의 내적 모순에 대해서는 오수창, 「18세기 조선 정치사상과 그 전후 맥락」, 『역사학보』 제213집, 2012, 27~31쪽 참조.

47 이중환·허경진 역, 『택리지』, 고양: 한양출판, 1996·1999(3쇄), 209~210쪽.

48 이태진, 「18세기 韓國史에서의 民의 사회적·정치적 位相」, 『진단학보』 제88권, 1999, 257쪽.

49 『영조실록』 권45, 영조 13년 9월 기축(4일).

50 『영조실록』 권41, 영조 12년 5월 정미(14일).

51 『영조실록』 권45, 영조 13년 8월 기사(13일).

52 『승정원일기』, 옹정 6년(영조4) 3월 10일(경신). "副校理朴文秀疏曰…雖有願治

之主 有志之臣 亦末如之何…與之同心同德, 畏天敬民 朝夕納誨 左右厥辟, 然後乃能回景命於旣墜, 保邦家於已危(이하 생략)"

53 『승정원일기』, 건륭 40년(영조51) 3월 24일(신미).

54 『영조실록』 권71, 영조 26년 7월 계묘(3일).

55 박광용, 「조선의 18세기」, 『역사학보』 제213집, 2012, 13~14쪽.

56 한승연, 「조선 후기 民國 再造와 民 개념의 변화」, 61~63쪽.

57 이태진, 「조선시대 '민본' 의식의 변천과 18세기 '민국' 이념의 대두」, 이태진·김백철 엮음, 『조선 후기 탕평정치의 재조명 上』, 파주: 태학사, 2011, 34~35쪽.

58 황태연, 「조선시대 국가공공성의 구조변동과 근대화」, 200쪽 참조.

59 이태진, 『새韓國史』, 472쪽.

60 이태진, 「18세기 韓國史에서의 民의 사회적·정치적 位相」, 262쪽.

61 황태연, 위의 글, 245쪽.

62 이태진, 위의 책, 474~477쪽.

63 필자는 공공성의 상호적 관계를 중심으로 하는 입장에서 17세기 붕당정치와 18세기 탕평정치, 19세기 세도정치 시기를 각기 구조적 변화의 시기로 파악하고 있으나 이러한 해석과 이와 상반된 입장도 존재한다. 이에 대해서는 오수창, 「세도정치를 다시 본다」, 『역사비평』 제12권, 1991, 138~139쪽, 149~150쪽; 오수창, 「18세기 조선 정치사상과 그 전후 맥락」, 『역사학보』 제213집, 2012, 39~40쪽 참조.

64 『춘향전』에 나타난 春香의 저항도 국가권력에 대한 것이었다. 춘향전 안의 사회적 갈등의 핵심은 春香이 대표하는 民 일반 대 국가권력 즉 불법적 관권 사이의 대립이다. 오수창, 위의 글, 40~41쪽.

65 고성훈 외 지음, 『민란의 시대』, 149~177쪽.

66 한승연, 「조선 후기 民國 再造와 民 개념의 변화」, 59쪽.

67 이석규, 「朝鮮初期 官人層의 民에 대한 認識」, 41쪽.

68 『예종실록』 권1, 예종 5년 5월 무술(15일). 戊子八月二十八日, 命鐲丙戌年以上 諸司奴婢身貢未收, 而已收之物勿減. 因此諸邑守令, 濫用已收布物者, 皆去 其籍, 反稱未收, 鐲減之惠不及民, 甚爲未可.

69 이석규, 위의 글, 67~68쪽.

70 한승연, 「조선 후기 民國 再造와 民 개념의 변화」, 58~63쪽 참조.

71 이태진, 「18세기 韓國史에서의 民의 사회적·정치적 位相」, 252쪽.

72 이태진, 위의 글, 255쪽.

73 이태진, 「조선시대 '민본' 의식의 변천과 18세기 '민국' 이념의 대두」, 33쪽.

74 박광용, 「조선의 18세기」, 16쪽.

75 韓相權, 『朝鮮後期 社會와 訴冤制度』, 서울: 일조각, 1996, 103~104쪽.

76 박광용, 위의 글, 16쪽.

77 정옥자, 『조선 후기 역사의 이해』, 327~329쪽.

78 김선경, 「19세기 농민 저항의 정치」, 『역사연구』 16, 2006, 110~111쪽.

79 배항섭은 매관매직과 수탈은 신분질서를 와해시키고, 이후 민들의 저항운동으로 이어지는 계기가 되었다고 지적한다. 배항섭, 「19세기 후반 '변란'의 추이와 성격」, 한국역사연구회 편, 『1894년 농민전쟁연구 2』, 서울: 역사비평사, 1992, 263~264쪽.

80 이태진, 『새한국사』, 490~491쪽 참조.

81 배항섭, 「19세기 후반 민중운동과 공론」, 『한국사연구』 161, 326~327쪽.

82 박맹수, 『사료로 보는 동학과 동학농민혁명』, 서울: 도서출판 모시는 사람들, 2009, 245쪽.

83 『용담유사』, 「안심가」.

84 최혜경, 「동학의 개혁사상과 동학농민혁명의 전개」, 『동학연구』 제12집, 2002, 57쪽, 71쪽; 조순, 「동학과 유교의 민본관」, 『동학연구』 제22집, 2007, 117~134쪽; 오문환, 「동학에 나타난 민주주의: 인권, 공공성, 국민주권」, 『한국학논집』 제32집, 2005, 179~212쪽; 오문환, 「동학사상에서의 자율성과 공공성」, 『한국정치학회보』 제36집 2호, 2002, 7~23쪽.

85 『용담유사』, 「도덕가」.

86 『용담유사』, 「안심가」.

87 유영익, 「전봉준 의거론 – 갑오농민봉기에 대한 통설 비판」, 『동학농민봉기와 갑오경장』, 서울: 일조각, 1998, 5쪽; 「갑오농민봉기의 보수성」, 같은 책, 179쪽; 권희영, 「동학농민운동과 근대성의 문제」, 『한국사의 근대성 연구』, 서울: 백산서당, 2001; 이희근, 「동학농민봉기는 반봉건 근대적 운동이 아니다」, 『한국사는 없다』, 서울: 사람과 사람, 2001, 247~248쪽.

88 다른 한편으로 김신재는 이 두 논의를 종합하며 농민군의 '복고적' 비판에 대해서는 시대적 한계로 해석하고, 농민군의 정치체제 구상을 전제군주제를 초기 형태의 입헌군주제로 개혁하는 방향으로 수렴되고 있다고 해석한다. 김신재, 「동학농민혁명에 있어서 국가형태 지향」, 『동학연구』 제17집, 2004, 75~101쪽.

89 유영익, 「전봉준 의거론 – 갑오농민봉기에 대한 통설 비판」, 『동학농민봉기와 갑오경장』, 서울: 일조각, 1998.

90 1894. 3. 20. 「무장포고문」; 국역은 『오하기문』, 『동비토록』, 『취어』에 실린 포고문을 대조하여 번역한 박맹수의 번역을 따랐다. 박맹수, 『사료로 보는 동학과 동학농민혁명』, 252~253쪽.

91 『동경대전』, 「논학문」.

92 「홍양기사」 7월 12일, 총서 9, 29쪽; 박맹수, 『사료로 보는 동학과 동학농민혁명』, 289쪽 재인용.

93 「남유수록」 8월 1일, 총서 3, 226쪽; 박맹수, 위의 책, 289쪽 재인용.

94 "민국이념이 서양 민주주의 사상이 소개되기 전에 이미 성립하고 있었다는 것은 주목할 만한 일이라 하지 않을 수 없다." 이태진, 「18세기 韓國史에서의 民의 사회적·정치적 位相」, 262쪽.

95 이태진, 「18세기 한국사에서의 민의 사회적 정치적 위상」, 이태진·김백철 엮음,

『조선 후기 탕평정치의 재조명 上』, 파주: 태학사, 2011, 153쪽. 이 글은 1999년 같은 제목으로 『진단학회』에 실린 논문을 일부 보완한 것이다. 이 구절은 2011년 새롭게 추가된 논지이다.

96 황태연, 「조선시대 국가공공성의 구조변동과 근대화」, 197쪽.

97 황태연, 위의 글, 41~42쪽.

제3장 조선시대 민(民)의 영역에 대한 재조명

1 한국사회학회·한국정치학회 편, 『한국의 국가와 시민사회』, 한울, 1992; 최장집·임현진 공편, 『시민사회의 도전』, 나남, 1993; 김호기, 「그람시적 시민사회론과 비판이론의 시민사회론: 한국적 수용을 위한 비판적 탐색」, 『경제와 사회』 19권, 1993, 1~21쪽; 유팔무·김호기 엮음, 『시민사회와 시민운동』, 한울, 1995; 정태석, 「시민사회와 사회운동의 역사에서 유럽과 한국의 유사성과 차이」, 『경제와 사회』 72권 겨울호, 2006, 125~147쪽 외 다수.

2 고성국, 「한국 시민사회의 형성과 발전」, 『아시아문화』 제10호, 1992, 181~203쪽. 한국사회성격 논쟁과 관련하여 '공민' 개념을 경제사적 측면에서 제기한 논의로는 최배근, 「시민사회(론)의 불완전성과 '公民'의 역사적 성격」, 『경제와 사회』 19권, 1993, 59~77쪽.

3 유병용, 「한국 시민사회의 형성과 성격에 관한 재검토: '자유'와 '권리'의 동양적 이해를 중심으로」, 『韓國政治外交史論叢』 제24집 1호, 2002, 141~165쪽; 오문환, 「동학에 나타난 민주주의: 인권, 공공성, 국민주권」, 『한국학논집』 제32집, 2005, 179~212쪽; 김윤희, 「근대 국가구성원으로서의 인민 개념 형성(1876~1984)」, 『역사문제연구』 제21호, 2009, 295~331쪽; 심인보, 「19세기말 미국 농민운동과 동학농민운동의 비교사적 검토와 시론(I)」, 『東學硏究』 제21집, 2006, 131~158쪽.

4 한홍구 교수는 '시민혁명 없는 시민사회'를 지적한다. 「한국의 시민사회, 역사는 있는가」, 『시민과 세계』 제1권, 2002, 91~110쪽; 송호근 교수는 '교양시민의 부재'를 거론하고 있다. 「공론장의 역사적 형성과정: 왜 우리는 不通社會인가?」, 『한국 사회의 소통위기: 진단과 전망』, 한국언론학회 심포지움, 2011, 27~48쪽.

5 장규식, 「1920~30년대 YMCA 농촌사업의 전개와 그 성격」, 『한국기독교와 역사』 제4호, 1995, 207~261쪽; 장규식, 「YMCA학생운동과 3·1운동의 초기 조직화」, 『한국근현대사연구』 제20집 봄호, 2002, 108~140쪽; 성주현, 「일제강점 천도교청년당의 대중화운동」, 『한국독립운동사연구』 제30집, 2008, 257~297쪽; 이현주, 「일제하 (수양)동우회의 민족운동론과 신간회」, 『정신문화연구』 제26권 제3호 가을호, 2003, 185~209쪽; 방상근, 「18~19세기 서울 지역 천주교도의 존재 형태」, 『서울학연구』 제26호, 2006, 46~74쪽.

6 Cho Hein, "The Historical Origin of Civil Society in Korea", *Korea Journal*,

Vol. 37, No. 2(1997), pp.24~41.

7 이 장은 필자의 「조선시대 '시민사회' 논쟁의 비판적 재검토」(2014)에 기초해 있으며, 이 논문을 대폭 보완한 것임을 밝혀둔다.

8 송호근, 『인민의 탄생』, 30~32쪽.

9 송호근, 『인민의 탄생』, 105~107쪽.

10 송호근, 『인민의 탄생』, 36쪽.

11 송호근, 『인민의 탄생』, 54쪽.

12 송호근, 『인민의 탄생』, 49쪽.

13 김영민, 「조선시대 시민사회론의 재검토」, 18쪽.

14 조혜인은 역으로 근대 공민사회가 동에서 서로 퍼진 개념이라고 주장한다. 조혜인, 『동에서 서로 퍼진 근대 공민사회』 참조.

15 송호근, 『인민의 탄생』, 100쪽.

16 Mark E. Warren, Democracy and Association(Princeton: Princeton University Press, 2001), p.39.

17 마키버(MacIver)는 커뮤니티(community)를 마을이나 소도시, 또는 국가와 같이 일정한 지역적 경계 안에서 공통의 생활을 하는 생활지역을 지칭하는 개념으로 사용하면서, 공동의 관심사를 추구하기 위해 인위적으로 만든 결사체와 대비하여 설명하고 있다. Robert. M. MacIver, On Community, Society, and Power, ed. by Leon Barmson(The University of Chicago Press, 1970), pp.29~30. 결사체와 관련하여 최근 마키버나 퇴니스 등의 이분법적 구분에 비판을 제기하고 공동체, 조직체, 결사체 등의 구분이 필요하다는 논의 등이 제기되고 있다. 이에 대해서는 전병재, 「공동체와 결사체」, 『사회와 이론』 제1집(창간호), 2002, 49~78쪽 참조.

18 David Steinberg, "Civil Society and Human Rights in Korea", Korea Journal, Vol. 37, No. 3, 1997, pp.145~165.

19 John Duncan, "The problematic modernity of Confucianism: the question of 'civil society' in Choson Dynasty Korea", in Charles K. Armstrong eds, Korean Society: Civil Society, Democracy and the State, London: Routledge, 2006, pp.33~52.

20 조혜인, 『동에서 서로 퍼진 근대 공민사회』, 집문당, 2012, 146쪽.

21 김영민, 「조선시대 시민사회론의 재검토」, 『한국정치연구』 제21집 제3호, 2013, 1~21쪽. 특히 김영민의 연구는 조혜인과 스타인버그, 던컨의 논점 외에 역사학자인 자현 하부쉬(Jahyun Kim Haboush)가 주목한 국가와 구분되는 공공영역으로서의 서원에 대한 분석을 소개함으로써 조선시대 시민사회를 둘러싼 이해의 폭을 넓혀 주고 있다(같은 글, 7~8쪽).

22 Cho Hein, "The Historical Origin of Civil Society in Korea", p.25.

23 Steinberg, "Civil Society and Human Rights in Korea", p.148.

24 Duncan, "The problematic modernity of Confucianism: the question of 'civil

society' in Choson Dynasty Korea", p.50.

25 Steinberg, "Civil Society and Human Rights in Korea", pp.150~151.

26 송호근, 『인민의 탄생』, 30쪽.

27 Antony Black, *Guilds and Civil Society in European Political Thought from the Twelfth Century to the Present*, Cambridge Univ. Press, 1984.

28 societas civilis까지 개념사를 확장하는 이유는 국가와 사회의 합일상태를 의미하는 societas civilis와 달리 근대 시민사회는 국가와 사회의 분리를 그 특징으로 한다는 점을 도출하기 위해서였다.

29 G. W. F. Hegel, *Grundlinien der Philosophie des Rechts*(1821), translated by T. M. Knox, *Hegel's Philosophy of Right*, Oxford University, 1967, p.189.

30 Hegel, Hegel's Philosophy of Right, p.354.

31 자유주의적 Civil Society 또는 헤겔적 'burgerliche Gesellschaft'와 구별하기 위해 근래 독일 좌파 이론가들은 이 그람시적 '시민사회' 개념(국가와 경제 양자에 대해 구별되는 사회적 상부구조로서의 시민사회 개념)을 Zivilgesellschaft(또는 Zivile Gesellschaft)라는 신조어로 표기하고 있다. 황태연, 『지배와 이성』, 창작과 비평사, 1996, 40쪽. 리델은 고전적 societas civilis 패러다임 붕괴가 헤겔(Hegel)의 『법철학』에서 완성되었다고 주장한다. Manfred Riedel, *Studien zu Hegels Rechtsphilosophie*(Frankfurt am Main: suhrkamp Verlag, 1969), 황태연 역, 『헤겔의 사회철학』, 한울, 1983, 55~57쪽. 코헨(J. Cohen)와 아라토(A. Arato) 역시 헤겔의 '시민사회(bürgerliche Gesellschaft)'로부터 근대적 시민사회 개념의 이론적 종합이 이루어졌다고 말한다. J. L. Cohen & A. Arato, *Civil Society and Political Theory*(MIT press, 1992), pp.91~92. 반면, 킨은 페인(T. Paine)의 『인간의 권리(Rights of Man)』가 사회와 정부의 차이를 제대로 드러내고 있다고 주장한다. J. Keane, *Democracy and Civil Society*(London: Verso, 1988), p.36ff.

32 조혜인, 『공민사회의 동과 서: 개념의 뿌리』, 나남, 2009, 20쪽.

33 참여사회포럼, 「시민의 탄생과 진화: 한국인들은 어떻게 시민이 되었나?」, 『시민과 세계』 제24호, 2014, 281쪽.

34 Karl Marx(1843), "Contribution to the Critique of Hegel's Philosophy of law", in *Karl Marx Frederick Engels Collected Works 3*, Moscow: Progress Publishers, 1975, pp.79~80.

35 조혜인의 논지에 따르면, "시민사회와 민주주의는 근대 역사에서 서로를 강화해 주는 역할을 하지만, 그 기원은 서로 다른 맥락에서 출발했다. 민주주의는 시민사회와 특징적 연관이 없는 고대 그리스로부터 도출되었다. 시민사회는 실제 민주주의가 충분히 발전하지 않았던 근대 영국에서 탄생한 개념"이기 때문에 조선에서 시민사회를 운위하지 못할 이유가 없다는 것이다. Cho Hein, "The Historical Origin of Civil Society in Korea", pp.25~26. 물론 국가로부터의 자율성을 시민사회의 중요한 전제로 보는 조혜인은 조선을 사회를 장악

할 수 있는 충분한 힘을 가진 관료제적 근대국가로 포착한다. Cho Hein, "The Historical Origin of Civil Society in Korea", p.27.

36 Steinberg, "Civil Society and Human Rights in Korea", pp.149~154.

37 김인걸, 「조선 후기 향촌사회 권력구조의 변동과 '民'」, 『한국문화』 제9집, 1988, 321~331쪽.

38 이태진, 「18세기 韓國史에서 民의 사회적·정치적 위상」, 253쪽.

39 조혜인, 『공민사회의 동과 서: 개념의 뿌리』, 140~141쪽.

40 조혜인, 『공민사회의 동과 서: 개념의 뿌리』, 141쪽.

41 황태연, 「조선시대 국가공공성의 구조변동과 근대화」, 『조선시대 공공성의 구조변동: 국가·공론·민의 공공성, 그 길항과 접합의 역사 국제학술심포지움 자료집』, 2012, 202쪽; 고성훈, 『민란의 시대』, 가람기획, 2004, 108쪽; 백승종, 『정감록 미스테리』, 푸른역사, 2012, 247~248쪽.

42 정순우, 『서당의 사회사: 서당으로 읽는 조선교육의 흐름』, 태학사, 2013.

43 『현종실록』 권3, 현종 원년 9월 갑인(2일)

44 『숙종실록』 권9, 숙종 6년 5월 계축(25일);『숙종실록』 권15, 숙종 10년 8월 갑인(21일).

45 조선 후기 향권의 추이에 주목한 초기 연구로는 김인걸, 「朝鮮後期 鄕權의 추이와 지배층 동향: 忠淸道 木川縣 事例」, 『한국문화』 제2집, 1981, 167~251쪽; 李海濬, 「朝鮮後期 晋州地方 儒戶의 實態: 1832년 晋州鄕校修理記錄의 分析」, 『진단학보』 제60호, 1985, 79~100쪽 참조.

46 김인걸, 「17, 18세기 향촌사회 신분구조변동과 '儒·鄕'」, 『한국문화』 제11집, 1990, 308쪽, 318쪽.

47 김용덕, 『향안연구』, 한국연구원, 1978; 김인걸, 「조선 후기 향촌사회 권력구조 변동에 대한 시론」, 『한국사론』 제19권, 1988, 318~323쪽; 김인걸, 「17, 18세기 향촌사회 신분구조변동과 '儒·鄕'」, 308쪽.

48 『승정원일기』, 건륭 40년(영조51) 3월 1일(무신).

49 『영조실록』 권124, 영조 51년 3월 무신(1일).

50 김인걸, 「17, 18세기 향촌사회 신분구조변동과 '儒·鄕'」, 321~322쪽.

51 『영조실록』 권119, 영조 48년 12월 무자(28일).

52 김인걸, 「17, 18세기 향촌사회 신분구조변동과 '儒·鄕'」, 324~334쪽.

53 김인걸, 「17, 18세기 향촌사회 신분구조변동과 '儒·鄕'」, 337~340쪽.

54 조윤선, 1999, 「조선 후기의 田畓訟과 法的 대응책: 19세기 民狀을 중심으로」, 『민족문화연구』 29, 295~301쪽.

55 박명규, 1993, 「한말 향촌사회의 갈등구조: 民狀의 분석」, 『93 한국사회학대회 발표문』, 96쪽.

56 김인걸, 「조선 후기 촌락조직의 변모와 1862년 농민저항의 조직기반」, 『진단학보』 제67호, 68쪽.

57 Cho Hein, "The Historical Origin of Civil Society in Korea" pp.25~26.

58 Cho Hein, "The Historical Origin of Civil Society in Korea" pp.31~32.

59 사림세력의 형성을 정치제도적 변화에 주안점을 두어 설명하는 논의로는 김범, 「조선시대 사림세력 형성의 역사적 배경」, 『국학연구』 19집, 2011, 9~33쪽; 절의파의 계기적인 발전선상에서 사림파의 등장을 설명하는 것이 아니라 조선초기 정치적 변화의 맥락으로 사림파의 형성을 접근하는 논의로는 김훈식, 「朝鮮初期의 정치적 변화와 士林派의 등장」, 『한국학논집』 제45집, 2011, 25~54쪽 참조.

60 조선 후기 사회상이 고려시대의 사회상과는 뚜렷이 다르다는 가설을 바탕으로 신유학에 입각한 친족제도와 여성의 변화상에 주목한 연구로는 Martina Deuchler, 이훈상 역, 『한국의 유교화 과정』, 너머북스, 2013 참조.

61 김영민, 「조선시대 시민사회론의 재검토」, 10~11쪽.

62 김영민, 「조선시대 시민사회론의 재검토」, 1~21쪽.

63 송호근, 『인민의 탄생』, 36쪽.

64 정순우, 『서당의 사회사』, 483쪽.

65 정순우, 『서당의 사회사』, 5~11쪽.

66 김필동, 「契의 역사적 분화·발전 과정에서 관한 試論: 朝鮮時代를 중심으로」, 『사회와 역사』 제17권, 1990, 72쪽.

67 정순우, 『서당의 사회사: 서당으로 읽는 조선교육의 흐름』, 480쪽.

68 정신문화원 편, 『국역 정선총쇄록』, 경인문화사, 2002, 67쪽; 97~98쪽; 배항섭, 「19세기 지배질서의 변화와 정치문화 변용」, 『韓國史學報』 39, 2010, 120쪽 재인용.

69 『영조실록』 권88, 영조 32년 10월 무진(4일).

70 『정조실록』 권16, 정조 7년 10월 정해(29일).

71 『영조실록』 권35, 영조 9년 8월 을묘(7일).

72 『宣祖修正實錄』 권23, 선조 22년 10월 을해(1일).

73 이창일, 『주자대전』 대동, 소강 출현 리서치(2013), 미간행 초고.

74 고성훈, 『민란의 시대』, 104쪽; 백승종, 『정감록 역모사건의 진실게임』, 푸른역사, 2007, 176쪽.

75 김재영, 「정여립 정치사상의 재정립」, 『정치정보연구』 제3권 1호, 2000, 122~123쪽.

76 황태연, 「조선시대 국가공공성의 구조변동과 근대화」, 204쪽.

77 백승종, 『정감록 역모사건의 진실게임』, 6쪽.

78 황태연, 「조선시대 국가공공성의 구조변동과 근대화」, 204쪽.

79 공자의 대동사상에 기반하여 공맹 양민철학의 비교철학적 재조명을 시도하고 있는 논의로는 황태연, 「서구 자유시장론과 복지국가론에 대한 공맹과 사마천의 무위시장 이념과 양민철학의 영향: 공자주의 경제·복지철학의 보편성과 미래적 함의에 관한 비교철학적 탐색」, 『정신문화연구』 제35권 제2호, 2012, 316~410쪽 참조.

80 『예기』「예운」편.

81 고성훈, 『민란의 시대』, 91~126쪽; 정순우, 『서당의 사회사』, 271~313쪽.

82 『동경대전』「포덕문」, 「논학문」, 「불연기연」 편 참조.

83 표영삼, 『동학 1: 수운의 삶과 생각』, 통나무, 2004; 표영삼, 『동학 2: 해월의 고난역정』, 통나무, 2005; 김용휘, 『최제우의 철학』, 이화여대출판부, 2012.

84 황태연, 「조선시대 국가공공성의 구조변동과 근대화」, 203~4쪽.

85 접(接)은 대략 50여 명의 동학도들의 모임이며, 접주가 중심이 되어 경전을 논하거나 강론을 듣거나 다른 접들과 소식을 전달하는 공적인 장소였다. 이 접주제는 1862년 최제우가 창설한 제자들의 모임이었으며, 1864년 수운이 참형되고 사라진 것으로 보였으나 1878년 해월에 의해 강원도를 기점으로 다시 설치되고, 1890년대에 전국에 걸쳐 형성된다. 오문환, 「동학사상에서의 자율성과 공공성」, 『한국정치학회보』 제36집 2호, 2002, 17~18쪽; 박맹수, 「동학의 교단조직과 지도체제의 변천」, 『1894년 농민전쟁연구 3』, 역사비평사, 1993, 305쪽; 표영삼, 『동학 2』, 301~302쪽. 포(包)는 기능적 동학도의 숫적 증가에 부응하고 대사회적 기능을 원활히 하기 위해 접에 뿌리 내려 설치된 상위조직이다. 오문환, 「동학사상에서의 자율성과 공공성」, 19쪽; 표영삼, 『동학 2』, 303~304쪽.

86 오문환, 「동학사상에서의 자율성과 공공성」, 17쪽.

/
참
고
문
헌
/

1. 원사료

『論語』, 『孟子』, 『書經』
『文宗實錄』, 『英祖實錄』, 『睿宗實錄』, 『太祖實錄』, 『承政院日記』
『朝鮮王朝實錄』
『高麗史』
『禮記』
『동경대전』, 『용담유사』
「독립신문」

2. 연구논문 및 저서

강광식, 「붕당정치와 조선조 유교정치체제의 지배구조 변동양상」, 『OUGHTOPIA』
  (경희대 인류사회재건연구원) 24(1), 2009, 101~136쪽.
고성국, 「한국 시민사회의 형성과 발전」, 『아시아문화』(10), 1992, 181~203쪽.
고성훈 외 지음, 『민란의 시대』, 서울: 가람기획, 2004.
광무개혁연구반, 「'광무개혁' 연구의 현황과 과제」, 『역사와 현실』(8), 1992, 342~366쪽.
교과서포럼, 『대안교과서 한국근현대사』, 서울: 기파랑, 2008.
교수신문 기획, 『고종황제 역사 청문회』, 서울: 푸른역사, 2005.
구자익, 「惠岡 崔漢綺의 食貨論」, 『철학논총』(57), 2009, 361~383쪽.
권희영, 「동학농민운동과 근대성의 문제」, 『한국사의 근대성 연구』, 서울: 백산서당,
  2001.
계승범, 「18세기와 탈중화 문제」, 역사학회 편, 『정조와 18세기』, 푸른역사, 2011,
  104~132쪽.
김 구, 배경식 풀고 보탬, 『백범일지』, 너머북스, 2010.
김 돈, 「선조대 유생층의 공론 형성과 붕당화」, 『진단학보』(78), 1994, 147~171쪽.
김 범, 「조선시대 사림세력 형성의 역사적 배경」, 『국학연구』(19), 2011, 9~33쪽.
김대영, 「논쟁과 이견의 공론장으로서 독립신문」, 『역사와 사회』 제3권 제30집,

170   민民의 나라, 조선

2003, 37~51쪽.

김백철, 『조선 후기 영조의 탕평정치』, 파주: 태학사, 2010.

김백철, 『영조: 民國을 꿈꾼 탕평군주』, 파주: 태학사, 2011.

김백철, 「'탕평'을 어떻게 볼 것인가」, 이태진·김백철 엮음, 『조선 후기 탕평정치의
　　　재조명 上』, 파주: 태학사, 2011, 44~76쪽.

김백철, 「영조대 '민국' 논의와 변화된 왕정상」, 이태진·김백철 엮음, 『조선 후기
　　　탕평정치의 재조명 上』, 파주: 태학사, 2011, 113~135쪽.

김백철, 「朝鮮時代 歷史像과 共時性의 재검토」, 『韓國思想史學』(44), 2013, 273~
　　　319쪽.

김병욱, 「퇴계의 질서와 공개념에 관한 검토」, 『동양정치사상사』 제1권 제1호, 2002,
　　　53~78쪽.

김봉진, 「崔漢綺의 氣學에 나타난 공공성」, 『정치사상연구』 제12집 제1호, 2006,
　　　33~55쪽.

김선경, 「19세기 농민 저항의 정치」, 『역사연구』(16), 2006, 87~131쪽.

김성보, 「'민중사학' 아직도 유효한가」, 『역사비평』 제16호(가을호), 1991, 48~55쪽.

金成潤, 『朝鮮後期 蕩平政治研究』, 서울: 지식산업사, 1997.

김신재, 「동학농민혁명에 있어서 국가형태 지향」, 『東學研究』(17), 2004, 75~101쪽.

김영민, 「조선시대 시민사회론의 재검토」, 『한국정치연구』 제21집 제3호, 2013, 1~
　　　21쪽.

김영수, 「조선 공론 정치의 이상과 현실(I)－당쟁 발생기 율곡 이이의 공론 정치론
　　　을 중심으로」, 『한국정치학회보』 제39집 제5호, 2005, 7~27쪽.

김영주, 「조선왕조 초기 공론과 공론 형성 과정 연구: 간쟁, 공론, 공론 수렴 제도의
　　　개념과 종류」, 『언론과학연구』 제2권 제3호, 2002, 70~110쪽.

김용덕, 『향안연구』, 한국연구원, 1978.

김용섭, 「서평: 독립협회연구」, 『한국사연구』(12), 1976, 149~154쪽.

김용섭, 『한국근대농업사연구III: 전환기의 농민운동』, 서울: 지식산업사, 2001.

김용옥, 『독기학설－최한기의 삶과 생각』, 서울: 통나무, 1990.

김용직, 「한국 정치와 공론성(1): 유교적 공론 정치와 공공 영역」, 『국제정치논총』
　　　제38집 제3호, 1998, 63~80쪽.

김용직, 「개화기 한국의 근대적 공론장과 공론형성 연구: 독립협회와 『독립신문』
　　　을 중심으로」, 『한국동북아논총』 제38권, 2006, 335~357쪽.

김용휘, 『최제우의 철학』, 서울: 이화여대출판부, 2012.

김윤희, 「근대 국가구성원으로서의 인민 개념 형성(1876~1984): 民=赤子와 『西遊
　　　見聞』의 인민」, 『역사문제연구』(21), 2009, 295~331쪽.

김인걸, 「17, 18세기 향촌사회 신분구조변동과 '儒·鄕'」, 『한국문화』(11), 1990, 303
　　　~340쪽.

김인걸, 「民狀을 통해 본 19세기 전반 향촌사회 문제」, 『한국사론』(23), 1990, 233
　　　~273쪽.

김인걸, 「조선 후기 촌락조직의 변모와 1862년 농민저항의 조직기반」, 『진단학보』 (67), 1989, 45~74쪽.

김인걸, 「朝鮮後期 鄕權의 추이와 지배층 동향: 忠淸道 木川縣 事例」, 『한국문화』 (2), 1981, 167~251쪽.

김인걸, 「조선 후기 향촌사회 권력구조변동에 대한 시론」, 『한국사론』(19), 1988, 318~323쪽.

김인걸, 「조선 후기 향촌사회 권력구조의 변동와 '民'」, 『한국문화』(9), 1988, 321~331쪽.

김재영, 「정여립 정치사상의 재정립」, 『정치정보연구』 제3권 1호, 2000, 109~133쪽.

김필동, 「契의 역사적 분화·발전 과정에서 관한 試論: 朝鮮時代를 중심으로」, 『사회와 역사』(17), 1990, 54~88쪽.

김호기, 「그람시적 시민사회론과 비판이론의 시민사회론: 한국적 수용을 위한 비판적 탐색」, 『경제와 사회』(19), 1993, 1~21쪽.

김홍식, 『조선시대 봉건사회의 기본구조』, 박영사, 1981.

김훈식, 「朝鮮初期의 정치적 변화와 士林派의 등장」, 『한국학논집』(45), 2011, 25~54쪽.

박광용, 『영조와 정조의 나라』, 서울: 푸른역사, 1988.

박광용, 「조선의 18세기」, 『역사학보』(213), 2012, 3~24쪽.

박명규, 「한말 향촌사회의 갈등구조: 民狀의 분석」, 『'93 한국사회학대회 발표문』, 1993, 89~96쪽.

박맹수, 「동학의 교단조직과 지도체제의 변천」, 『1894년 농민전쟁연구 3』, 서울: 역사비평사, 1993.

박맹수, 『사료로 보는 동학과 동학농민혁명』, 서울: 도서출판 모시는 사람들, 2009.

박현모, 「조선왕조의 장기 지속성 요인 연구 1: 공론 정치를 중심으로」, 『한국학보』 제30권 제1호, 2004, 31~61쪽.

박현모, 「유교적 공론 정치의 출발: 세종과 수성의 정치론」, 한국·동양정치사상사학회 엮음, 『한국정치사상사』, 서울: 백산서당, 2005, 239~259쪽.

방상근, 「18~19세기 서울 지역 천주교도의 존재 형태」, 『서울학연구』(26), 2006, 46~74쪽.

배병삼, 「정치가 세종의 한 면모」, 『정치사상연구』 제11집 2호, 2005, 13~39쪽.

배연숙, 「위당 정인보의 조선학 성립배경에 관한 연구」, 『철학논총』(59), 2010, 406~414쪽.

배항섭, 「19세기 후반 '변란'의 추이와 성격」, 한국역사연구회 편, 『1894년 농민전쟁연구 2』, 서울: 역사비평사, 1992, 259~302쪽.

배항섭, 「조선시대 민중의 시위문화」, 『내일을 여는 역사』(33), 2008, 28~39쪽.

배항섭, 「'근대이행기'의 민중의식: '근대'와 '반근대'의 너머」, 『역사문제연구』(23), 2010, 57~96쪽.

배항섭, 「19세기를 바라보는 시각」, 『역사비평』(101), 2012, 215~253쪽.

배항섭, 「19세기 후반 민중운동과 公論」, 『韓國史硏究』(161), 2013, 313~347쪽.

백승종, 『정감록 미스테리』, 서울: 푸른역사, 2012.

백승종, 『정감록 역모사건의 진실게임』, 서울: 푸른역사, 2007.

성주현, 「일제강점기 천도교청년당의 대중화운동」, 『한국독립운동사연구』(30), 2008, 257~297쪽.

송호근, 「공론장의 역사적 형성과정: 왜 우리는 不通社會인가?」, 한국언론학회 심포지움 『한국 사회의 소통위기: 진단과 전망』, 2011, 27~48쪽.

송호근, 『인민의 탄생』, 서울: 민음사, 2011.

신용하, 「서평: 한국근대농업사연구」, 『한국사연구』(13), 1976, 139~153쪽.

신용하, 「논쟁: 〈광무개혁론〉의 문제점」, 『창작과 비평』(49), 1978, 143~183쪽.

신주백, 「'조선학운동'에 관한 연구동향과 새로운 시론적 탐색」, 『한국민족운동사연구』(67), 2011, 188~190쪽.

심인보, 「19세기말 미국농민운동과 동학농민운동의 비교사적 검토와 시론(I)」, 『東學硏究』(21), 2006, 131~158쪽.

안병직 편, 『한국경제성장사』, 서울대출판부, 2001.

안병직·이영훈 편, 『맛질의 농민들』, 일조각, 2001.

역사학회 편, 『정조와 18세기』, 푸른역사, 2011.

오문환, 「동학사상에서의 자율성과 공공성」, 『한국정치학회보』 제36집 2호, 2002, 7~23쪽.

오문환, 「동학에 나타난 민주주의: 인권, 공공성, 국민주권」, 『한국학논집』(32), 2005, 179~212쪽.

오문환, 「율곡의 군자관과 그 정치철학적 의미」, 『한국정치학회보』 제30집 2호, 1996, 2025~2038쪽.

오수창, 「세도정치를 다시 본다」, 『역사비평』(12), 1991.

오수창, 「18세기 조선 정치사상과 그 전후 맥락」, 『歷史學報』(213), 2012, 25~48쪽.

유권종, 「한국의 실학과 근대성에 관한 논의」, 『한국민족문화』(39), 2011, 3~29쪽.

유길준, 허경진 옮김, 『서유견문』, 서울: 서해문집, 2004.

유병용, 「한국 시민사회의 형성과 성격에 관한 재검토: '자유'와 '권리'의 동양적 이해를 중심으로」, 『韓國政治外交史論叢』 제24집 1호, 2002, 141~165쪽.

유불란, 「'우연한 독립'의 부정에서 문명화의 모순된 긍정으로: 윤치호의 사례」, 『정치사상연구』 제19집 1호, 2013, 85~108쪽.

유영익, 『동학농민봉기와 갑오경장』, 서울: 일조각, 1998.

유팔무·김호기 엮음, 『시민사회와 시민운동』, 서울: 한울, 1995.

이나미, 『한국자유주의의 기원』, 서울: 책세상, 2001.

이대근 외, 『새로운 한국경제발전사』, 서울: 나남, 2005.

이동수, 「독립신문과 공론장」, 『정신문화연구』 제29권 제1호, 2006, 3~28쪽.

이동수, 「개화와 공화민주주의: 『독립신문』을 중심으로」, 『정신문화연구』 제30권 제1호, 2007, 5~29쪽.

이만열, 「일제 식민지 근대화론 문제 검토」, 『한국독립운동사연구』(11), 1997, 301~
　　328쪽.

이병천·홍윤기, 「두 개의 대한민국을 넘어서: 세계화 시대 시장화 대 공공화의
　　투쟁, 모두의 '대한 민주공화국'을 위하여」, 『시민과 세계』(상반기 11호,
　　참여사회연구소), 2007, 1~17쪽.

이상희, 『조선조 사회의 커뮤니케이션 현상연구』, 서울: 나남, 1993.

이석규, 「朝鮮初期 官人層의 民에 대한 認識」, 『역사학보』(151), 1996, 35~69쪽.

이성무, 『조선 후기 당쟁의 종합적 검토』, 정신문화연구원(연구논총 92-7), 1992.

이영재, 「조선시대 정치적 공공성의 성격 변화: '民'을 중심으로」, 『정치사상연구』 제
　　19집 1호, 2013, 59~84쪽.

이영훈 편, 『수량경제사로 다시 본 조선 후기』, 서울대학교출판부, 2004.

이영훈, 『대한민국이야기』, 서울: 기파랑, 2007.

이영훈, 「19세기 조선왕조 경제 체제의 위기」, 『朝鮮時代史學報』(43), 2007, 267~
　　296쪽.

이완범, 「국호 '대한민국'의 명명」, 『황해문화』(60), 2008, 48~75쪽.

이원택, 「顯宗朝의 復讐義理 논쟁과 公私 관념」, 『한국정치학회보』 제35집 제4호,
　　2002, 47~65쪽.

이중환, 허경진 역, 『택리지』, 고양: 한양출판, 1996·1999(3쇄).

이창일, 『주자대전』 대동, 소강 출현 리서치, 미간행초고, 2013.

이태진, 「18세기 韓國史에서 民의 사회적·정치적 위상」, 『진단학보』(88), 1999, 249
　　~263쪽.

이태진, 「당쟁을 어떻게 볼 것인가」, 『조선시대 정치사의 재조명』, 범조사, 1985, 13
　　~26쪽.

이태진, 「대한제국의 황제정과 민국정치이념」, 『한국문화』(22), 1998, 233~276쪽.

이태진, 「사화와 붕당정치」, 『한국사특강』, 서울대출판부, 1990.

이태진, 「朝鮮王朝의 儒教政治와 王權」, 『한국사론』 제23집, 1990, 215~232쪽.

이태진, 「14~16세기 한국의 인구증가와 신유학의 영향」, 『震檀學報』 제76권,
　　1993, 1~17쪽.

이태진, 「서양 근대 정치제도 수용의 역사적 성찰」, 『震檀學報』 제84권, 1997, 73~
　　133쪽.

이태진, 『한국사-조선중기 정치와 경제 30』, 국사편찬위원회, 1998.

이태진, 「18세기 한국사에서의 민의 사회적 정치적 위상」, 이태진·김백철 엮음, 『조
　　선 후기 탕평정치의 재조명 上』, 파주: 태학사, 2011, 136~154쪽.

이태진, 「조선시대 '민본' 의식의 변천과 18세기 '민국' 이념의 대두」, 이태진·김백철
　　엮음, 『조선 후기 탕평정치의 재조명 上』, 파주: 태학사, 2011, 19~43쪽.

이태진, 『새한국사』, 서울: 까치, 2012.

이태진·김백철 엮음, 『조선 후기 탕평정치의 재조명 上』, 파주: 태학사, 2011.

이태훈, 「실학담론에 대한 지식사회학적 고찰: 근대성 개념을 중심으로」, 전남대 박

사학위논문, 2004.

이한수, 「世宗時代의 政治」, 『동양정치사상사』 제4권 2호, 2004, 151~180쪽.

李海濬, 「朝鮮後期 晉州地方 儒戶의 實態: 1832년 晉州鄕校修理記錄의 分析」, 『진단학보』(60), 1985, 79~100쪽.

이헌창, 「근대경제성장의 기반 형성기로서 18세기 조선의 성취와 그 한계」, 역사학회 편, 『정조와 18세기』, 2011, 134~178쪽.

이현주, 「일제하 (수양)동우회의 민족운동론과 신간회」, 『정신문화연구』 제26권 제3호(가을호), 2013, 185~209쪽.

이현출, 「사림정치기의 공론정치 전통과 현대적 함의」, 『한국정치학회보』, 2002, 115~134쪽.

이현희, 「동학과 근대성」, 『민족사상』, 2008, 9~24쪽.

이희근, 「동학농민봉기는 반봉건 근대적 운동이 아니다」, 『한국사는 없다』, 서울: 사람과 사람, 2001.

이희주, 「조선초기의 공론정치」, 『한국정치학회보』 제44집 제4호, 2010, 5~23쪽.

이희주, 「조선시대 양녕대군과 에도시대 아코우사건을 둘러싼 이념논쟁」, 『정치·정보연구』 제14권 2호, 2011, 261~286쪽.

장규식, 「1920~30년대 YMCA 농촌사업의 전개와 그 성격」, 『한국기독교와 역사』 제4호, 1995, 207~261쪽.

장규식, 「YMCA학생운동과 3·1운동의 초기 조직화」, 『한국근현대사연구』 제20집(봄호), 2002, 108~140쪽.

장명학, 「근대적 공론장의 등장과 정치권력의 변화: 『독립신문』 사설을 중심으로」, 『韓國政治研究』 제16집 제2호, 2007, 27~54쪽.

장현근, 「민(民)의 어원과 그 의미에 대한 고찰」, 『정치사상연구』 제15집 제1호, 2009, 131~157쪽.

전병재, 「공동체와 결사체」, 『사회와 이론』 제1집(창간호), 2002, 49~78쪽.

전정희, 「개화사상에서의 민(民)의 관념」, 『정치·정보연구』 제7권 제2호, 2004, 81~107쪽.

전형택, 「朝鮮後期 奴婢의 土地所有」, 『한국사연구』(71), 1990, 63~84쪽.

정순우, 『서당의 사회사: 서당으로 읽는 조선교육의 흐름』, 파주: 태학사, 2013.

정연태, 「'식민지근대화론' 논쟁의 비판과 신근대사론의 모색」, 『창작과 비평』 제27권 제1호, 1999, 352~376쪽.

정옥자, 『조선 후기 역사의 이해』, 서울: 일지사, 1994.

정태석, 「시민사회와 사회운동의 역사에서 유럽과 한국의 유사성과 차이」, 『경제와 사회』(72), 2006, 125~147쪽.

조 순, 「동학과 유교의 민본관」, 『東學研究』 제22집, 2007, 117~134쪽.

조윤선, 「조선 후기의 田畓訟과 法的 대응책: 19세기 民狀을 중심으로」, 『민족문화연구』(29), 1999, 295~323쪽.

조한상, 「헌법에 있어서 공공성의 의미」, 『公法學研究』 제7권 제3호, 2006, 251~275쪽.

조혜인, 『공민사회의 동과 서: 개념의 뿌리』, 파주: 나남, 2009.

조혜인, 『동에서 서로 퍼진 근대 공민사회』, 파주: 집문당, 2012.

참여사회포럼, 「시민의 탄생과 진화: 한국인들은 어떻게 시민이 되었나?」, 『시민과 세계』(24), 2014, 276~310쪽.

최배근, 「시민사회(론)의 불완전성과 '公民'의 역사적 성격」, 『경제와 사회』(19), 1993, 59~77쪽.

최이돈, 『조선중기 사림정치구조연구』, 일조각, 1994.

최정운, 『한국인의 탄생』, 미지북스, 2013.

최장집·임현진 공편, 『시민사회의 도전』, 서울: 나남, 1993.

최혜경, 「동학의 개혁사상과 동학농민혁명의 전개」, 『東學硏究』 제12집, 2002, 53~72쪽.

표영삼, 『동학 1: 수운의 삶과 생각』, 서울: 통나무, 2004.

표영삼, 『동학 2: 해월의 고난역정』, 서울: 통나무, 2005.

한국사회학회·한국정치학회 편, 『한국의 국가와 시민사회』, 서울: 한울, 1992.

한국정신문화연구원 편, 『식민지근대화론의 이해와 비판』, 서울: 백산서당, 2004.

韓相權, 『朝鮮後期 社會와 訴冤制度』, 서울: 일조각, 1996.

한상권, 「19세기 민소(民訴)의 양상과 추이」, 『한일공동연구총서 3』, 2002, 81~121쪽.

한상권, 「백성과 소통한 군주, 정조」, 『역사비평』(89), 2009, 144~172쪽.

한승연, 「조선 후기 民國 再造와 民 개념의 변화」, 『한국정치학회보』 제46집 5호, 2012, 51~78쪽.

한영우, 『다시 찾는 우리역사』, 경세원, 2004(1999).

한홍구, 「한국의 시민사회, 역사는 있는가」, 『시민과 세계』(1), 2002, 91~110쪽.

홍원식 외, 『실학사상과 근대성』, 예문서원, 1998.

황태연, 『지배와 이성』, 서울: 창작과 비평사, 1996.

황태연, 「서구 자유시장론과 복지국가론에 대한 공맹과 사마천의 무위시장 이념과 양민철학의 영향: 공자주의 경제·복지철학의 보편성과 미래적 함의에 관한 비교철학적 탐색」, 『정신문화연구』 제35권 제2호, 2012, 316~410쪽.

황태연, 「조선시대 국가공공성의 구조변동과 근대화」, 『조선시대 공공성의 구조변동: 국가·공론·민의 공공성, 그 길항과 접합의 역사 국제학술심포지움 자료집』, 2012·2014(수정).

황태연, 『감정과 공감의 해석학 1』, 파주: 청계출판사, 2014.

황태연, 「'대한민국' 국호의 기원과 의미」, 『정치사상연구』(제21집 1호), 2015, 42~65쪽.

Antony Black, *Guilds and Civil Society in European Political Thought from theTwelfth Century to the Present*, Cambridge Univ. Press, 1984.

Cho Hein, "The Historical Origin of Civil Society in Korea", *Korea Journal* Vol. 37. No. 2, 1997, pp.24~41.

Craig Calhoun. edited. *Habermas and the Public Sphere*. The MIT Press, 1992.

David St einberg, "Civil Society and Human Rights in Korea", *Korea Journal* 37, No. 3, 1997, pp.145~165.

Duden, Deutsches Universal Wörterbuch A-Z. (1989).

G. W. F. Hegel, *Grundlinien der Philosophie des Rechts*(1821), translated by T. M. Knox, *Hegel's Philosophy of Right*, Oxford University, 1967.

Habermas, 한승완 역, 『공론장의 구조변동』, 서울: 나남출판. 2001.

J. Keane, *Democracy and Civil Society*, London: Verso, 1988.

J. L. Cohen & A. Arato, *Civil Society and Political Theory*, MIT press, 1992.

John Duncan, "The problematic modernity of Confucianism: the question of 'civil society' in Choson Dynasty Korea", in Charles K. Armstrong eds, *Korean Society: Civil Society, Democracy and the State*, London: Routledge. 2006, pp.33~52.

Jürgen Habermas, 1991. trans. by Thomas Burger. *The Structural Transformation of the Public Sphere*. The MIT press.

Karl Marx, 1843, "Contribution to the Critique of Hegel's Philosophy of law", in *Karl Marx Frederick Engels Collected Works 3*, (Moscow: Progress Publishers, 1975).

Manfred Riedel, *Studien zu Hegels Rechtsphilosophie*, Frankfurt am Main: suhrkamp Verlag., 1969, 황태연 역, 『헤겔의 사회철학』, 서울: 한울, 1983.

Mark E. Warren, *Democracy and Association*, Princeton: Princeton University Press, 2001.

Martina Deuchler, 이훈상 역, 『한국의 유교화 과정』, 파주: 너머북스, 2013.

Perry Anderson, 1974, *Lineages of the Absolutist State*, 김현일 외 옮김, 『절대주의 국가의 계보』, 도서출판 까치, 1993.

Robert. M. MacIver, *On Community, Society, and Power*, ed. by Leon Barmson, The University of Chicago Press, 1970.

Ronald Inglehart, 1997, *Modernization and Postmodernization*, Princeton, New Jersey: Princeton University Press.

Scott Lash·Sam Whimster edited, 1987, *Max Weber, Rationality and Modernity*, London: Allen & Unwin, Inc.

『민(民)의 나라, 조선』 소개글

역사학은 끊임없이 생각하는 학문이다. 역사가의 해석에 따라 낱개의 사실은 시대적 맥락과 결합하여 새로운 역사적 진실로 거듭난다. 그래서 역사를 바라보는 시각에 대한 이해는 주요하다.

하지만 역사는 일반 대중에게 연표의 나열이나 옛날이야기 수준으로만 받아들여지고 있다. 이는 현재까지 역사교육이 비판적 사고를 제대로 길러 주지 못하였기 때문이다. 역사상에 대한 진지한 고민을 경험하지 못하였으므로, 단지 자극적인 소재나 음모론을 제시하기만 하면 열광하기 십상이다. 조선봉건사회론이 활개를 치는 만큼, 한편에서는 극단적인 민족주의를 내세우는 재야의 화려한 고대사에 열광하고, 다른 한편에서는 탈민족주의를 주창한다면서 식민지근대화론을 객관적인 학문인 양 떠받들고 있다. 양자가 제국주의 시대의 쌍생아라는 사실은 전혀 인지하지 못한다.

타자의 시선에 입각해서 조선시대를 구체제로 규정하는 것은 식민지근대화론의 성과를 극대화시키기 위한 대전제에 불과하다. 우리 역사에서 왕정사회는 식민지 체제를 거쳐 민주공화정으로 바뀌었기에, 왕정을 평가하는 잣대는 일제가 선점하였다. 정작 그들 자신도 공화정이 아닌데도, 망국의 현실 속에서 식민지 교육은 근대학문이란 외피를 쓰고 정당한 공화주의 시각인 양 학습되었다.

또한 우리 안에 내재한 역사의식도 재고가 필요하다. 역사를 거울로 삼는다는 미명하에 시대적 맥락을 무시한 목적론적 해석은 경계해야 한다. 조선시대를 근대주의나 공화주의 틀로 재단하거나, 혹은 현대사회의 문제를 역으로 왕정의 정책에 아전인수로 대비시키는 것은 타당한 분석이라 보기 어렵다.

왜곡과 남용은 사실과 전혀 다른 역사상을 호도하기 마련이다. 우리 역사에 대한 재평가는 우리의 시선에서 살피되 역사적 사실을 기반으로 당대의 시대적 맥락에 접근해야 한다. 2000년대 이후 우리 학계의 연구성과는 양적으로나 질적으로 명실공히 세계 한국학을 주도할 정도로 급성장하였다. 하지만 풍성해진 학계의 성과는 역설적으로 방대한 양 때문에 보급에 어려움을 겪고 있다. 시중에는 역사 대중화라는 명목하에 총천연색 그림이나 자극적인 소재로 도배한 교양서만이 즐비할 뿐, 연구서와 교양서의 간극은 아직 줄어들지 않고 있다.

이번에 소개하는 이영재 선생의 『민(民)의 나라, 조선』이 바로 이같은 어려움을 해소하는 데 일정한 전환점을 마련해 주지 않을까 한다. 이 책에서는 역사학의 주요 연구를 두루 살피되, 사회과학 등 제반학문 분야의 성과까지 집대성한 통섭적 연구이다. 그동안 왕정사회의 성격 논의에는 시간의 흐름에 대한 고려가 상당히 아쉬웠는데, 여기서는 정치체제의 변화상을 추적하면서 개념사의 문제까지 본격적으로 거론하고 있다.

특히, 이영재 선생이 소개하는 조혜인·황태연 선생의 연구성과는 상당히 주목된다. 해당 연구가 지향하는 바는 동양에 대한 인식이

17~18세기 계몽주의시대 긍정 혹은 찬양론에서 19세기 제국주의 시대 서구중심주의로 전환했다는 데 문제인식을 함께하고 있다. 이 것은 최근 영미학계의 연구성과와 일치할 뿐 아니라, 오늘날 조선시 대 성격논쟁의 전제가 19세기 관점에서 비롯되었다는 사실을 적나 라하게 밝혀 준다. 이영재 선생은 제국주의 시선에서 벗어날 것을 제안하면서도 동양과 서양 정치체제의 장점과 단점을 두루 논하고 있다. 이것은 일방적인 미화나 비하에서 벗어나 균형 잡힌 시각에서 조선시대를 이해하는 데 상당히 도움이 될 것이다.

다만, 방대한 학설을 집대성하였기 때문에 이 책에서도 개별 연구 와 몇 가지 이견이 있는 부분도 발견된다. 독자의 편의를 도모하고 자 저자께 실례를 무릅쓰고 학설간 차이를 소개하고자 한다.

첫째, 정치체제의 발전을 조선건국기-붕당정치기-민국정치기-세 도정치기 등으로 핵심 개념으로 대비시켰다. 그러나 역사학계에서는 14세기 말~15세기 집권적 양반관료국가, 16세기 훈구-사림의 경쟁 기, 17세기 붕당정치기, 18세기 탕평정치기, 19세기 세도정치기 등으 로 소개하여, 용어상 약간의 차이가 있다.

둘째, 조선전기 전주전객제에서 지주전호제의 전환을 토지소유권 의 자유로운 행사로 설명하는 학설을 인용하고 있다. 하지만 사적 소유권 성립 시점은 이미 고대사회 성격 논쟁에서부터 의견이 분분 한 사안으로 학자마다 공전과 사전에 대한 입장이 달라서 감안하여 읽어야 한다.

셋째, 정약용의 『경세유표』에 수록된 신문고의 한계성을 인용하 고 있다. 이같은 인식은 18~19세기 상언이 일반화된 이후의 시각으 로서 현재까지도 학계에 큰 영향을 미치고 있다. 하지만 『태종실록』

민民의 나라, 조선

에는 노비가 자신의 신분 회복을 위해서 신문고로 청원한 사건이 수천여 건 나타나고 있어 실제 신문고의 운영상황과는 다소 다르다. 또한 상언격쟁의 초기 연구성과에 따라 정조대 특징으로 부각시켰으나, 최근 연구에서는 영조대 상언 및 순문이 수백 차례나 확인되므로 영·정조대 연속된 정치전통으로 이해된다.

넷째, 서구의 '절대군주제'와 조선의 '계몽군주제'를 대비시켜서 살펴보고 있다. 그러나 서구학계의 초기 연구에서는 시민사회가 발달한 서유럽에 비해서, 군주중심의 근대화를 모색하는 동유럽(독일 포함)의 정치체제 차이를 설명하기 위한 학설이었고, 국내에서는 탕평군주에게 서유럽까지는 아니더라도 동유럽 정도에 상응하는 준근대성을 부여하기 위해 도입한 개념이다. 게다가 최근 영미권의 절대왕정 연구에서는 서유럽과 동유럽을 모두 '계몽절대왕정'으로 표현함으로써 구분의 경계가 허물어졌을 뿐 아니라, 계몽주의시대 유럽의 지식인들이 자국의 개혁모델을 명청대 유교정치에서 찾고자 했음이 밝혀져, 기존의 상식을 모두 허물어뜨리고 말았다. 여기서는 주로 계몽주의시대 재평가입장을 중심으로 제반학설을 원용하고 있다. 따라서 탕평군주정의 평가는 동서양의 연구사 변화를 감안해서 살펴보아야 한다.

다섯째, 역사학계에서는 공론정치 연구가 정치사상사 분야에서 이루어지다가 점차 정치학계로 논의가 확장되었는데 이 책은 전통적인 연구성과까지 상세히 소개되어있다. 그런데 최근 한국사 분야에서 공사(公私)개념의 연구가 재정사 연구를 중심으로 새로이 진행되고 있다. 곧 재정개혁 과정에서 거시적인 이념지향을 밝히고 미시적인 집행결과까지 면밀히 추적함으로써, 정치사상과 사회경제 정책의 상호관계를 종합적으로 분석한 방식이다. 해당 연구성과는 본 총서 중 송양섭 선생의 책으로 확인해볼 수 있다.

이 책은 제반학설과 약간의 차이에도 불구하고 초학자가 조선시대의 연구사를 이해하는 데 가장 효과적인 글이라고 자신 있게 추천할 수 있다. 또한 역사학도가 개념화의 문제를 되새겨 보는 데 적지 않은 도움이 되리라 생각한다.

2015년 10월
규장각에서
기획위원 김백철

민民의 나라, 조선